정부활용
사업성공법

강남지역 나호진 행정사가 전하는 정부활용 실사례 & 전략 총정리

정부활용 사업성공법

나호진 지음

**사단법인
비영리단체
정부지원금**

사업하는 데 필요한 노하우 총정리!

상상력집단

Prologue

사업을 운영하시면서 다음과 같은 고민을 해보신 적 있으신가요?

"나는 열심히 노력하고 있는데 왜 사업 성장이 더딜까?"

"주변에서는 정부 지원금을 받아서 사업을 키웠다고 하는데, 나는 왜 그런 혜택을 받지 못할까?"

행정사로서 수많은 기업과 개인을 도우며 깨달은 점이 있습니다. 정부의 지원이나 제도를 활용하는 것은 특별한 사람들만 받을 수 있는 혜택이 아니라, 제대로 준비된 사람이라면 누구나 활용할 수 있는 명확한 시스템이라는 사실입니다. 그러나 많은 분들이 정부의 지원과 제도가 어렵고 복잡하다고 느껴, 제대로 접근하지 못하는 경우가 많습니다.

저는 이 책에서 행정사의 전문적인 시각으로 정부 지원금뿐만 아니라, 정부가 운영하는 다양한 제도와 시스템을 활용하여 사업을 성장시키는 다양한 사례와 전략을 쉽고 명확하게 전달하고자 했습니다. 어떤 분들은 정부와의 협력을 통해 큰 성장을 이루고 있지만, 어떤 분들은 단지 방법을 몰라 좋은 기회를 놓치고 있습니다. 이 책에서는 여러분께서 정부의 다양한 제도와 지원을 실제로 어떻게 활용할 수 있는지를 실질적인 사례 중심으로 구체적이고 쉽게 안내해드립니다.

정부는 여러분이 낸 세금을 기반으로 운영되며, 준비된 사업가들에게 언제나 열린 자세로 기다리고 있습니다. 이 책을 통해 정부 지원과 제도를 적극적으로 활용하여 여러분의 사업을 빠르게 성장시키는 기회를 가지시길 바랍니다. 혼자서 모든 문제를 해결하려 애쓰지 마시고, 정부를 여러분의 든든한 사업 파트너로 만들어 보세요.

책을 읽으시면서 궁금한 사항이나 상담이 필요하신 부분이 있다면 언제든 오픈카톡을 통해 문의해주시기 바랍니다. 여러분과 소통하며 함께 성장할 준비가 되어 있습니다.

Contents

Prologue 4

Chapter 1 정부의 '돈을 받는 방법'을 알려드립니다

1-1. 말하고 싶은 게 아니라, 들려줘야 할 것을 써야 한다 12
  정부지원에 떨어지는 사람들의 이유

1-2. 정부를 활용하는 진짜 사업가들의 유형 22
  비영리 전략으로 AI사업을 확장한 대표의 반전

1-3. 유튜브만 하던 회사, 수출기업이 되다 32
  디자인 회사를 수출기업으로 만든 구조 설계

1-4. 창업했지만 국가는 인정하지 않았다 40
  확인서 하나가 사업 자격을 가른 현실

1-5. 정관 하나 바꾸고 모든 게 달라졌다 50
  사단법인 설립 2개월 성공, 설계자의 개입

Chapter 2 정부는 '허가받은 사람'만 도와줍니다

2-1. 해썹만 받으면 납품된다   62
　　　인증은 조건이 아니라 구조다

2-2. 내가 만든 게 아니어도, 내 이름으로 팔면 내 책임입니다   71
　　　쇼핑몰 대표의 통관 실패기

2-3. 여행업 등록은 신고가 아니라 전략이었다   78
　　　외국인 창업자가 자격을 뚫고 전담 여행사업가가 되기까지

2-4. 취미로 시작했는데, 사업이 되어버렸다   86
　　　SNS 비즈니스의 허가부터 성장까지

2-5. 땅도 술도, 결국 법과 구조로 사업이 된다   94
　　　제도 안에 있어야 유통이 됩니다

Chapter 3 정부는 '말'이 아닌 '구조'로 설득해야 합니다

3-1. 사람은 진심이면 되지만, 결혼비자는 그렇지 않다   106
　　　결혼과 비자 사이, 가장 복잡한 구조의 이야기

3-2. 직원 한 명 뽑으려다 회사가 바뀌었다   113
　　　E-7 비자 설계가 고용구조까지 바꾼 사례

3-3. 1억 투자보다 중요한 건, 왜 해야 하나는 질문   122
　　　D-8 비자를 결정 지은 단 하나의 핵심 문장

3-4. 국적 바꿨더니 아무것도 못했다   130
　　　국적 회복 절차를 몰라 일상까지 막힌 사람의 반전

3-5. 여성 대표님이라고 무조건 여성기업은 아닙니다   139
　　　여성기업 인증 자주 탈락하는 이유

Chapter 4 정부는 '잘난사람'보다 '못난사람'을 찾는다

4-1. 사단법인 시작은 선택이지만 끝은 과정이다   150
    마무리도 시작만큼 중요합니다

4-2. 협동조합, 진짜 필요한 사람들만 만든다   159
    난지도 도선사업 이야기

4-3. 처음이었고… 그냥 잠깐 운전했어요   166
    음주운전 구제에 감정은 통하지 않았다

4-4. 좋은 아이디어는 돈이 안 된다   175
    규제를 넘는 방법

4-5. 그건 인증이 아니라, 회사를 다시 짜는 일이었다   184
    CCM인증에 대해서

Chapter 5 정부는 '감정보다 논리'를 봅니다

5-1. 아무한테나 사업하라고 하지 않는다   194
    평생교육시설 등록 실패기

5-2. 열두 번 실패를 극복한 한 번의 행징질자   202
    행정절차를 빠르게 진행하는 법

5-3. 사업 아이템이 아니라 허가가 판을 갈랐다   211
    중요한 타이밍에 승부처가 된 허가 이야기

5-4. 기술보다 먼저 행정을 배운 스타트업, 그래서 살아남았다   221
    위치기반 서비스 신고사례

5-5. 제도에 지지 않았던 단 한 번의 말   230
    행정심판 이야기

Epilogue

Chapter

정부의 '돈을 받는 방법'을 알려드립니다

1   말하고 싶은 게 아니라, 들려줘야 할 것을 써야 한다 —————— 12
     정부지원에 떨어지는 사람들의 이유

2   정부를 활용하는 진짜 사업가들의 유형 ——————————— 22
     비영리 전략으로 AI사업을 확장한 대표의 반전

3   유튜브만 하던 회사, 수출기업이 되다 ——————————— 32
     디자인 회사를 수출기업으로 만든 구조 설계

4   창업했지만 국가는 인정하지 않았다 ——————————— 40
     확인서 하나가 사업 자격을 가른 현실

5   정관 하나 바꾸고 모든 게 달라졌다 ———————————— 50
     사단법인 설립 2개월 성공, 설계자의 개입

말하고 싶은 게 아니라, 들려줘야 할 것을 써야 한다

정부지원에 떨어지는 사람들의 이유

세 번째 탈락, 그리고 고개를 떨군 조카

조카는 세 번째로 탈락했을 때 처음으로 울었다. 두 번 떨어졌을 때는 웃으며 "내가 아직 부족했나 봐요"라고 말하던 아이였다. 그 담담한 얼굴엔 늘 묘한 자존심과 희망이 섞여 있었고, 그럴 때마다 나는 속으로 '이번엔 붙었으면 좋겠다'는 생각을 삼켰다. 그런데 이번엔 달랐다. 말도 하지 못하고 고개를 떨군 채 앉아 있는 모습을 보며, 나는 알 수 있었다. 그 아이가 얼마나 간절했는지, 그 눈물이 얼마나 무겁고 말 없는 항변이었는지를.

그가 도전하고 있던 건 '초기창업패키지', 업계에서는 이니셜을 따서 '초.창.패'라고 부르는 정부지원 프로그램이었다. 창업을 준비해본 사람이라면 한 번쯤 들어봤을 제도였고, 이미 '창업 통과의례'처럼 여겨지는 사업이었다. 예비창업자 또는 창업 3년 이내의 자를 대상으로 최대 수천만 원 규모의 사업화 자금과 멘토링, 공간 등을 지원해주는 국가 프로그램이지만, 지원자 수는 많고 통과율은 낮았고, 심사 기준은 냉정하다는 평이 일반적이었다. 조카는 그 사업에 세 번째 도전 중이었다. 첫 번째 결과가 나왔을 땐 '그럴 수도 있지'라며 웃었고, 두 번째는 "조금 더 정리해봐야겠어요"라며 다음을 준비했지만, 이번에는 무너진 감정이 고스란히 얼굴에 드러나 있었다.

나는 아무 말 없이 그 옆에 앉았다. 그리고 조용히 물었다. "이번에 제출한 사업계획서 좀 보여줄래?" 그는 말없이 노트북을 열어줬다. 파일을 여는 손끝이 미세하게 떨리고 있었고, 나는 그의 마음이 어느 정도까지 무너져 있는지 체감할 수 있었다. 서류를 넘기며 나는 빠르게 판단을 내릴 수 있었다. 관공서의 시선으로 수많은 지원서를 검토해온 경험 덕분에, 어디서부터 틀어졌는지 명확히 보였다. 문제는 열정이 아니었다. 구조였다. 너무도 명확하게 '자기 얘기만 하고 있었다'.

조카는 열정이 넘치는 아이였다. 대학 때부터 반려동물에 관심이 많았고, 관련 자격증도 여럿 땄으며, 소셜미디어를 통해 활동도 이어가고 있었다. 이번에 준비한 사업도 '반려동물 장 건강을 위한 기능성 간식'이라는 아이템이었다. 콘셉

트도 그럴듯했다. 친환경 소재, 알러지 저감 성분, 깔끔한 디자인까지 고려한 제품이었다. 그러나 나는 곧바로 알 수 있었다. 이 아이는 '내가 하고 싶은 사업'을 설명하는 데는 능했지만, '정부가 왜 지원해야 하는 사업인지'는 끝내 설득하지 못했다.

내가 가장 먼저 한 일은 감정을 걷어내는 일이었다. 그의 진심을 폄훼하지 않으면서도, 감정에 매몰된 서술 구조를 구조화된 사업계획으로 바꿔줘야 했다. "사업계획서는 소설이 아니야. 진심을 보여주되, 상대방이 신뢰할 수 있게 구조화돼야 해." 내가 조용히 말하자 조카는 고개를 끄덕였지만, 여전히 눈동자 안에는 억울함이 남아 있었다. 그는 최선을 다했다고 믿고 있었고, 실제로 정성을 다했기에 상처도 깊었던 것이다. 그러나 공공 지원의 심사 기준은 냉정하다. '열심히 했는가'가 아니라 '검증 가능하고 실현 가능한가'만 본다. 이것은 감정이 아니라 설계의 문제였다.

조카는 아직 모르는 듯했다. 감동은 말이 아니라 구조에서 나온다는 사실을.

진심보다 설계가 필요하다는 말

그날 밤, 나는 책상 위에 조카의 사업계획서를 인쇄해 펼쳐 놓고, 펜으로 한 줄 한 줄 밑줄을 그으며 읽었다. 마치 내가 심사위원이 된 듯한 눈으로, 이 서류가 어느 순간 어떤 질문을 유도하고, 어느 대목에서 신뢰를 잃는지를 찾아냈다. 대부분의 지원서가 그렇듯, 이 문서도 시작은 멋졌다. 브랜드 스토리, 반려동물을 키우며 느낀 인사이트, 이 사업을 하게 된 계기, 그리고 제품에 담긴 가치까지. 그러나 문제는 그 다음이었다. 수치는 흩어져 있었고, 핵심 메시지는 반복되었으며, 결정적으로 이 아이템이 '정부 지원'의 대상으로서 왜 적절한지를 말하지 않았다. 정부는 감동하지 않는다. 대신 근거를 요구하고, 공익적 필요를 묻는다.

나는 다음날 아침 조카를 다시 불렀다. 커피 두 잔을 앞에 놓고 말문을 열었다. "좋아. 이젠 네가 말하고 싶은 건 알겠어. 그런데 이제부터는 내가 물을 거야. 대답은 생각해서 해." 조카는 긴장한 표정으로 나를 바라봤다. "정말 시장에서 이 제품이 필요한 이유는 뭘까?" 그 질문을 던지는 순간, 나는 그의 눈빛이 미세하게 흔들리는 걸 봤다. "이 사업을 국가가 굳이 지원해야 하는 명분은 뭐지?" "지원금으로 구체적으로 뭘 만들고, 그다음 단계는 어떻게 자립할 건데?" 조카는 잠시 입을 다물었다. 이 사업을 준비하면서 그는 브랜드의 분위기와 감성에 집중해왔지만, 질문 하나하나가 전혀 다른 차원의 문을 열고 있다는 걸 느낀 듯했다.

나는 그에게 말했다. "정부는 '하고 싶어요'가 아니라 '할 수 있어요', '그래서 국가도 이익을 봐요'라는 메시지를 듣고 싶어 해." 조카는 말없이 고개를 끄덕였다. 그날부터 내가 한 일은 가르치는 것이 아니라 설계를 함께 하는 일이었다. 시장 보고서를 같이 읽었고, 반려동물 산업의 성장률을 정리했고, 고령 1인가구의 증가와 정서적 반려문화 확산에 따른 사회적 흐름을 분석하게 했다. 소비자 수요조사 결과, 기능성 사료 구매율, 알러지 문제에 민감한 보호자 인터뷰까지 엮었다. 점점 조카의 눈빛이 변해갔다. 처음에는 막연한 동정과 기대였다면, 이제는 근거와 전략을 이해하는 사람의 눈빛이었다.

브랜드 설명이 아니라 시장의 필요를 말하도록, 감성이 아니라 구조와 확장을 보여주도록 문장을 바꾸었다. 제품 개발 계획서에는 원재료의 단가 구조, 시제품 제작에 필요한 공정별 견적, 향후 유통 채널 다각화 계획까지 포함시켰다. 특히, '왜 지금, 이 제품에, 이만큼의 금액이 필요한가'에 대해 3단 논리로 설명하게 했다. 감정은 줄었지만 설득은 깊어졌다. 그리고 마지막으로 내가 조카에게 했던 말은 이거였다. "지원서 항목 하나하나가 그냥 형식이 아니라, 심사위원의 불안감을 해소하는 장치야. 너는 하고 싶은 말을 써선 안 돼. 심사위원이 듣고 싶은 말을 써야 해."

그 말을 듣고도 조카는 한동안 말이 없었다. 아마도 그건 어떤 자존심의 붕괴이자, 동시에 새로운 시선의 시작이었다. 그날 밤, 조카는 다시 서류를 손에 쥐고 혼자 작업을 이어갔다. 새벽 두 시가 넘어서야 방에 불이 꺼졌고, 다음 날 나는 인쇄된 사업계획서를 다시 받아들었다. 문장의 결은 달라져 있었다. 진심은 사라지지 않았지만, 그 진심을 껴안을 수 있는 구조가 생겨 있었고, 심사자의 눈으로 봤을 때 '그래, 이 정도면 붙을 수 있겠다'는 확신이 들었다. 나는 조카에게 말했다. "이제 네가 하고 싶은 말은 다 뺐고, 심사위원이 듣고 싶은 말만 남았어. 이번엔, 진짜 붙을 거야."

조카는 고개를 끄덕였지만, 그 눈빛엔 아직도 반신반의가 남아 있었다. 그러나 나는 알 수 있었다. 지금 이 순간, 이 아이는 진심으로 준비돼 있었다. 다만, 그 준비의 끝이 무엇을 의미하는지는 아직 그조차도 알지 못한 채였다.

붙었다. 그리고, 진짜 시작이었다

한 달 뒤, 오후 두 시. 조카에게서 짧은 카카오톡 메시지 하나가 도착했다. "됐어요. 이번엔 진짜 됐어요, 이모." 문장 끝에 마침표가 아니라 느낌표가 붙어 있었다면 오히려 가볍게 느껴졌을지도 모른다. 하지만 그 문장은 너무도 조용하게, 모든 무게를 담아 말하고 있었다. 나는 곧바로 답장을 보내지 않았다. 그저 화면을 잠시 내려놓고, 커피잔을 든 채 천천히 숨을 들이마셨다. 그리고 속으로 생각했다. 이번에는, 네가 진짜 준비돼 있었으니까.

합격 이후의 조카는 이전과는 다른 사람이었다. 그는 서류상으로만 완성되었던 제품을 실제로 손에 쥘 수 있는 시제품으로 구현해냈고, 디자인 업체와 협업하여 패키징을 마무리한 후, 크라우드 펀딩 플랫폼을 통해 첫 번째 판매를 시작했다. 단 몇 주 만에 후원자 수백 명이 몰려들었고, 서울창업카페의 후속지원 프로그램에 자동으로 연결되며, 그는 본격적인 사업가의 첫 걸음을 내딛었다. 그는 더 이상 '붙을까?'를 고민하지 않았다. 이제는 '이걸 어떻게 더 키울 수 있을까?'라는 질문을 스스로에게 던지고 있었다.

가끔 그가 나를 찾아올 때면, 우리가 함께 머리를 맞대던 밤들을 회상하며 말하곤 한다. "이모, 그때 그 말이 제일 컸어요. 내가 하고 싶은 말이 아니라, 심사위원이 듣고 싶은 말을 써야 한다는 그 말." 나는 그 말을 들을 때마다, 그리고 조카의 눈빛이 확신으로 바뀌어가는 모습을 볼 때마다, 내가 이 일을 계속하고 있는 이유를 다시 떠올린다. 누군가의 열정을 공공의 자금과 연결시킨다는 건 단지 서류를 잘 써주는 일이 아니다. 그것은 그 사람이 가진 감정을, 세상이 신뢰할 수 있는 언어로 번역해주는 일이다.

많은 사람들이 묻는다. "정부지원사업, 어렵지 않나요?" 나는 늘 웃으며 답한다. "당연히 어렵죠. 그게 쉬우면, 그만큼 세금이 가볍게 쓰인다는 뜻이니까요." 조카도 그걸 이해했다. 그는 이제 후배 창업자들에게 말한다. "내가 세 번 떨어진 이유는, 열정이 부족해서가 아니었어요. 방향을 몰랐던 거죠." 그리고 덧붙인다. "그 방향은, 나 혼자서는 절대 보이지 않더라고요."

나는 이 경험을 통해 다시 한 번 깨달았다. 사업계획서를 완성하는 것은 종이 한 장을 채우는 일이 아니다. 그것은 사람이 어떤 생각을 가지고 있는지를, 외부의 시선으로 재구성하는 과정이다. 내가 개입한 그 순간부터, 조카의 감정은 글이 되었고, 그 글은 구조를 얻었고, 그 구조는 마침내 공공의 신뢰를 얻었다. 나는 내가 해온 일이 단지 문장을 고치는 기술이 아니란 것을 안다. 그것은 사람의 가능성을, 제도의 언어로 입증해주는 일이었다.

조카는 이제 기업가로 성장 중이고, 그 사업은 단순한 반려동물 간식 브랜드를 넘어 '정서적 연결을 위한 먹거리'라는 메시지를 담은 브랜드로 확장되고 있다. 나는 그 과정을 지켜보며 조용히 확신한다. 결국 사람을 움직이는 건 전략이 아니라 진심이었다. 그러나 그 진심은, 언제나 구조와 설계 위에 있을 때에만 비로소 전달된다.

KEY POINT

- 정부지원사업 서류는 '말하고 싶은 것'이 아닌 '들려줘야 할 것'으로 구성해야 한다. 심사자 관점에서 검증 가능한 객관적 근거와 공익적 가치를 명확히 제시해야 한다.

- 사업계획서는 감정이 아닌 구조로 승부해야 한다. 시장분석, 수익모델, 단계별 실행계획, 자금 활용 명세 등 계량화 가능한 지표를 체계적으로 배치해야 한다.

- 정부는 '열정'이 아닌 '실현 가능성'과 '사회적 파급효과'를 본다. 개인의 비전보다 객관적 시장 데이터와 명확한 성과지표를 제시하는 것이 중요하다.

Quick Reference

정부지원사업 통합 공고 사이트 K-startup https://www.k-startup.go.kr/

주기별	대표 정부 지원 사업
예비 창업자	예비창업패키지
	신사업 창업사관학교
	창업중심대학 – 예비창업자
초기 창업자 (3년 이내)	초기창업패키지
	창업성공패키지 – 청년창업사관학교
	창업중심대학 – 초기 창업기업
중기 창업자 (3년~7년)	창업도약패키지 (대기업협업형, 일반형, 투자병행형, 융자병행형)
	창업중심대학 – 도약기 창업기업
	창업성공패키지 – 글로벌창업사관학교
재창업자	재도전성공패키지

정부를 활용하는
진짜 사업가들의 유형

비영리 전략으로 AI사업을 확장한 대표의 반전

AI사업을 크게 하고싶은데, 행정사님 조언 있으실까요?

그는 처음부터 모든 걸 알고 있었던 건 아니었다. 오히려 그는 '정확히는 모르겠다'고 먼저 말할 수 있는 사람이었다. "AI로 뭔가 새로운 걸 해보고 싶은데요…. 어디서부터 시작하면 좋을까요?" 그 질문은 낯설지 않았다. 기술은 알고 있지만 제도는 모르는 사람, 혹은 반대로 방향은 있는데 도구가 없는 사람. 나는 종종 그런 사람들을 마주한다.

S대표는 원래 컴퓨터공학을 전공했다. 학부 시절부터 인공지능이라는 단어에 설렘을 느꼈고, 논문을 뒤적이며 AI의 가능성을 이야기하던 사람이었다. 그러나 졸업 후 그는 IT업계가 아닌 유통업계에 발을 들였고, 사업은 빠르게 성장하며 안정적인 수익 구조를 만들었다. 그런 그가 다시 AI를 꺼낸 건

단순한 회귀가 아니었다. 그것은 "이 흐름은 절대 놓치고 싶지 않다"는 확신이었다.

나는 물었다. "AI에 대해 다시 공부하신 건가요?" 그는 웃으며 말했다. "사실 어릴 땐 정말 좋아했어요. 지금은 거의 다 잊었지만요."

그 대답에 나는 잠시 멈춰 생각했다. 사람은 결국 자기 본질로 돌아가려는 힘이 있다. 그리고 그 본질을 지금의 현실과 연결하려 할 때, 가장 실용적인 다리가 바로 '제도'라는 걸 나는 알고 있었다. 그에게 필요한 것은 기술도 아니고, 자금도 아니었다. 그의 의도를 담아줄 '형태'가 없었던 것이다.

그래서 나는 정색을 하고 말했다. "대표님, 지금 같은 상황이라면 '회사'부터 만들 필요는 없습니다. 그보다 먼저 '단체'를 만드세요. 그것도 비영리로요."

그는 잠시 고개를 갸웃했다. "AI인데요? 그걸 비영리로 시작한다고요?" 나는 고개를 끄덕이며 말했다. "맞습니다. 지금 대표님의 상태는 '기술 사업자'가 아니라, '기회를 탐색하는 기획자'에 가깝습니다. 이럴 땐 유연하게 움직일 수 있는 조직이 필요하고, 그게 바로 비영리 단체예요."

그 말은 그에게 낯설었지만, 납득이 가지 않는 건 아니었다. 나는 이어서 말했다. "5명만 모아보세요. 회의도 하고, 사진도 남기고, 회의록도 정리해두세요. 중요한 건 실체가 아니라 '의지 있는 조직'이라는 증명이에요."

놀랍게도 그는 바로 움직였다. 기존의 사업가 경험은 사람을 모으는 데 탁월한 감각으로 나타났고, 그는 며칠 사이 AI에 관심 있는 사람들을 찾아내 작은 모임을 구성했다. 첫 회식 사진이 도착했고, 가볍게 열린 첫 세미나의 현장 영상도 곧 전달되었다. 그는 웹사이트를 만들고, 온라인 포스터를 제작해 소셜미디어에 공유했다. 그가 처음 AI에 대해 품었던 열정은, 이제 사회적 실체로 변환되기 시작했다.

나는 오히려 그에게서 배웠다. '현장에서 몸으로 익힌 추진력, 사람을 움직이는 타이밍 감각, 상황에 맞춰 속도를 조절하는 눈치' 그런 것들은 나 같은 제도 기획자가 쉽게 가질 수 없는 능력이었다.

그리고 나는 확신했다. 이 사람은 기술을 할 수 있는 사람이 아니라, '기술을 사회화할 수 있는 사람'이라는 사실을. 그의 말이 아직 구체화되지 않았어도, 이미 방향은 있었다. 나는 이제 그 방향에 제도를 덧씌우고, 언어를 정비하고, 목표를 입혀줄 일만 남아 있었다.

"AI로 뭘 하시겠다는 건가요?"라는 질문에 답을 바꿨을 뿐인데 일이 움직이기 시작했다

그가 처음 사업계획서를 들고 왔을 때, 그 안에는 너무 많은 가능성과 너무 적은 방향이 담겨 있었다. AI 교육, 창업 지원, 데이터 분석, 알고리즘 실험…. 어떤 것도 틀리지 않았지만, 어느 것도 '제도가 반응할 수 있는 언어'는 아니었다.

나는 조심스럽게 물었다. "대표님, 정확히 어떤 문제를 해결하고 싶은 건가요?" 그는 잠시 고민하더니 말했다. "AI 기술을 활용해서 사회적으로 필요한 일들을 해보고 싶어요. 단지 기술만 연구하고 싶진 않아요."

그 말은 나에게 충분한 단서였다. 기술은 수단이고, 목적은 아직 정해지지 않은 상태. 그리고 정부가 움직이기 위해서는 그 목적이 명확해야만 한다. 그래서 나는 한 단어를 꺼냈다. '일자리'

"정부는 기술보다 '목적'을 봅니다. AI는 훌륭한 도구지만, 그 도구로 무엇을 하겠다는지가 명확하지 않으면 행정은 움직이지 않아요. 그런데 만약, AI를 통해 새로운 일자리를 만들겠다고 한다면, 이야기는 달라집니다."

그의 표정이 조금씩 달라졌다. 그는 사업가였고, 본능적으로 제도의 결을 이해하는 사람이었다. "그 말은… 부처가 다르게 반응한다는 거군요." 나는 웃으며 말했다. "정확합니다. 'AI 기술을 실험합니다'라고 하면 과기정통부로 향하겠지만, 'AI를 통해 디지털 약자에게 일자리를 제공합니다'라고 하면 서울시 일자리경제과가 움직이게 됩니다."

그 말은 단순한 프레임 전환이 아니었다. 기술에서 정책으로, 추상에서 제도로 넘어가는 문장의 재정의 작업이었다. 우리는 사업계획서를 다시 썼다. 키워드는 '디지털 약자', '직무 능력 강화', 'AI 도구를 활용한 실무 교육', 그리고 '구직 연계'. 계획서의 목적 항목은 더이상 'AI 확산'이 아니라 'AI를 통한 고용 창출'이 되었다.

며칠 뒤, 서울시 일자리경제과에 제출된 서류에 대한 답변이 돌아왔다. "이런 구조라면 검토해볼 수 있습니다." 그 짧은 한 줄은, 사실상 신호였다. 이제부터는 서울시라는 공식 제도 안에서, 이 단체가 '기술과 고용을 연결하는 사회적 실험'으로 작동할 수 있다는 뜻이었다. 그가 처음 만들었던 커뮤니티, 5명이 모여 찍었던 회식 사진, 작은 웹사이트와 포스터들, 그 모든 것들이 이제는 서울시의 예산과 행정 안으로 편입되는 공공 협력 구조의 자격이 되었다.

곧바로 사업은 선정되었고, 처음에 단 5명으로 시작했던 조직은 70명을 대상으로 한 교육 프로그램으로 확장되었다. 강사를 섭외하고, 커리큘럼을 설계하고, 공간을 확보하고, 예산 집행을 위한 회계 체계를 다시 짰다. 단순한 모임이 행정용어로는 '민간위탁 수행기관'으로 이름을 바꾸는 순간이었다.

나는 그 변화를 곁에서 지켜보며 느꼈다. 기술은 중요하지만, 그것을 제도와 연결시켜줄 언어가 없다면 그저 개인의 취미에 머무를 뿐이라는 것.

S대표는 처음과는 다른 사람처럼 움직이기 시작했다. 말끝마다 '교육생 이수율'과 '지자체 성과 평가 기준'을 언급했고, AI 모델보다 '사회적 수용성'이 중요하다고 말하는 사람이 되었다. 그 변화는 내가 만든 것이 아니라, 그가 스스로 '제도의 문장' 안으로 들어온 결과였다.

서울시의 사업이 본격적으로 시작된 이후, 그는 달라졌다. 단순히 조직을 키운 것이 아니라, 제도가 요구하는 언어와 구조를 이해하고 그것에 맞춰 '움직이는 법'을 체득한 것이었다. 그리고 그건 곧 확장의 시작이기도 했다.

첫 교육 프로그램은 70명 규모였다. 그는 스스로 강사도 맡았고, 때로는 조력자로서 행정 회의에 참석했고, 예산의 한 줄 한 줄을 읽어내며 사업을 굴려갔다. 그리고 불과 몇 달 만에,

그는 또다시 내게 물었다. "이제는 고용노동부랑 해보고 싶어요. 중앙부처랑도 연결하려면 뭐부터 시작해야 하죠?"

나는 놀랍지 않았다. 그는 이미 준비가 된 사람이었고, 이제는 서울시에서의 실적을 근거로 중앙정부를 향한 통로를 설계할 수 있는 위치에 도달해 있었다.

우리는 다시 프레임을 정리했다. 서울시에서의 핵심 키워드는 '디지털 약자 대상 교육'이었다면, 고용노동부에는 '직무능력 강화'와 '고용연계'가 중심어였다. 그리고 과학기술정보통신부를 겨냥한 구조에는 'AI 기반 융합인재 양성'이라는 용어가 들어가야 했다.

나는 말했다. "같은 활동도, 어떤 언어로 쓰느냐에 따라 다른 제도 문을 엽니다. 중앙부처로 갈수록 더 정확한 정책 프레임이 필요합니다."

그는 고개를 끄덕였다. "이제는 그게 이해돼요. 컨설팅 회사한테 맡겼을 땐, 그게 뭔지 모르고 그냥 제안서만 넘겼거든요." 그의 말에는 분명한 회한이 담겨 있었다. 그는 나를 만나기 전까지, 수천만 원을 들여 유명한 컨설팅 회사에 제안서 작성을 맡겼다. 그들은 멋진 슬라이드와 탁월한 문장을 만들었지만, 그 어떤 사업도 실제로 선정되지 않았다.

"그땐 그냥 그럴듯해 보이면 되는 줄 알았어요. 근데 실무는 완전히 다르더라고요." 나는 말했다. "제안서를 잘 쓰는 일과, 길을 설계하는 일은 다릅니다. 우리는 결과를 낼 수밖에 없는 구조를 먼저 만들어놓고, 그에 맞춰 문장을 써야 해요. 그래야 평가하는 사람도 안심할 수 있거든요."

그는 고개를 끄덕였다. 지금 그가 준비 중인 중앙정부 사업은 200명 규모의 전국 단위 프로그램이다. 단체는 이제 지역별 분소를 구상하고 있고, 공동협력기관으로 전국의 교육기관과 손을 잡기 시작했다. 비영리 조직으로 시작했지만, 지금은 AI 기술 기반 플랫폼을 함께 운영할 수 있는 별도의 법인 설립까지 진행 중이다.

"지금 돌아보면, 처음에는 너무 크게 보였던 일이었어요. AI라는 단어도, 정부라는 단어도 다 낯설었는데…. 지금은 그 단어들이 '가능성'처럼 느껴져요." 나는 웃으며 말했다. "대표님이 잘하신 거예요. 저는 그냥 '어디를 어떻게 누르면 되는지' 알려드린 것뿐이에요."

그는 잠시 생각하더니 조용히 말했다. "AI가 무엇인지보다 더 중요한 건, 그걸 어떻게 사회와 연결할지를 아는 사람이에요. 그리고 저는 그 연결법을 이제야 배운 것 같아요."

나는 그 말이 이 이야기의 마지막 문장이 될 자격이 있다고 생각했다. 기술은 혼자서도 만들 수 있다. 하지만 제도는 혼자선 절대 열 수 없다. 그러니 기술과 제도의 교차로에 선 사람은, 결국 새로운 시스템의 기획자가 되는 것이다.

KEY POINT

- 신기술 기반 사업의 정부지원 접근법은 '기술 자체'가 아닌 '사회적 문제 해결'을 전면에 내세워야 한다. 기술은 수단일 뿐, 정책 목표(일자리 창출, 디지털 격차 해소 등)와의 연계성을 명확히 제시해야 한다.

- 정부사업 확장 전략은 단계적으로 설계해야 한다. 비영리단체 설립 → 소규모 지자체 사업 → 실적 구축 → 중앙부처 확장의 순서로 실체를 먼저 구축한 후 확장하는 것이 효과적이다.

- 정부 부처별 및 **담당부서에 따라** 정책 키워드와 평가 기준은 다르다. 과기정통부는 '기술 혁신성', 고용노동부는 '직무능력 강화', 지자체는 '지역 문제 해결'에 초점을 맞추는 등 부처별 맞춤형 언어와 프레임으로 접근해야 한다.

- 담당부서는 기본적으로 비영리 법인 허가에 대해 재량권을 많이 발휘한다. **(실제적으로 책임 지기를 원치 않아 기피한다고 보는 것이 맞다. 따라서 비영리 사업의 목적 및 사업계획, 사무실 등 실체적으로 갖추어 하고자 하는 법인을 선호한다 - 유령법인설립이 많기 때문에)**

Quick Reference

비영리단체 구분

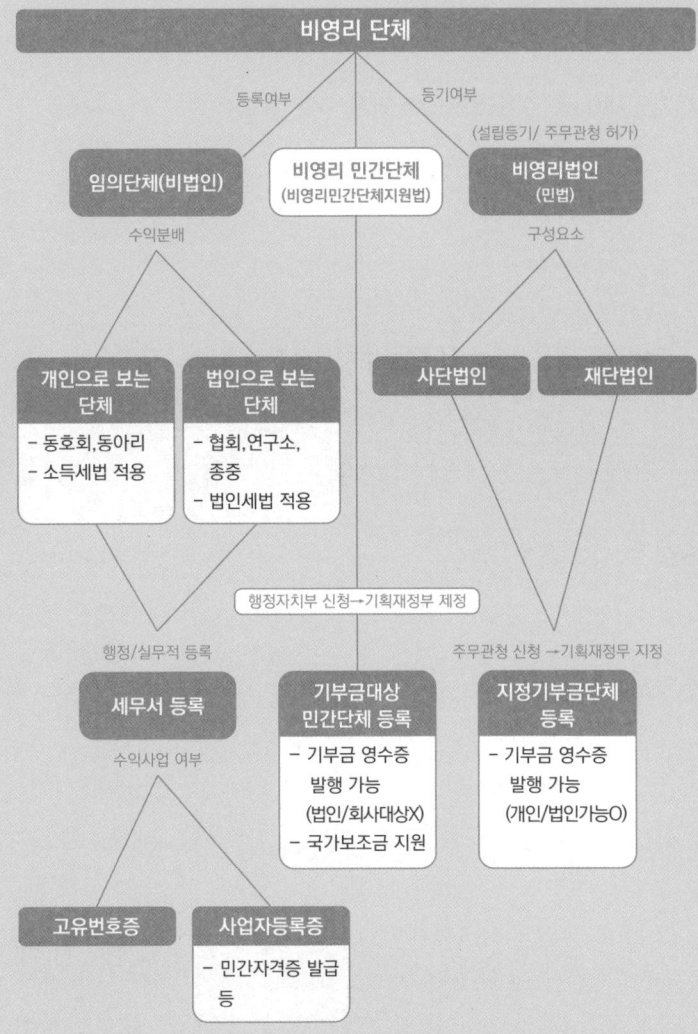

정부의 '돈을 받는 방법'을 알려드립니다

유튜브만 하던 회사,
수출기업이 되다

디자인 회사를 수출기업으로 만든 구조 설계

우리 같은 업종도, 진짜 정부 지원이 될까요?

"영상만 만들어서는 국가 지원 못 받는다던데, 진짜 그런가요?" 처음 그 말을 들었을 때, 나는 상대방의 질문보다 목소리에 담긴 감정부터 알아차릴 수 있었다. 단념처럼 들리면서도 어딘가 한 줄기 가능성을 붙들고 싶어하는 태도. 그는 영상 제작 업계에서 잔뼈가 굵은 사람이었고, 수많은 기업의 브랜드 콘텐츠를 만들어낸 실력자였다. 그러나 이상하게도, 그런 실력은 국가 제도 앞에서는 아무 힘도 없는 듯 보였다.

"정부 지원사업 같은 건, 공장 돌리는 데나 해당되는 거잖아요." 그는 그렇게 말하며 자신의 노트북을 열었다. 화면엔 브랜드 영상, 제품 광고, 홍보 다큐까지 다양한 결과물이 정갈하게 정리되어 있었다. 분명히 말할 수 있었다. '결과물만 놓고 보자면, 이 회사는 이미 준비가 되어 있다.' 하지만 그것만으로는 부족했다. 정부는 실력보다 구조를 보고, 창의성보다 자격을 먼저 묻는다.

나는 조심스럽게 제안했다. "지금 상태로는 어렵습니다. 하지만 디자인 전문회사로 등록만 하신다면, 지원사업 참여의 문이 훨씬 넓어질 겁니다."

그 말은 쉬운 결정이 아니었다. 디자인 전문회사 등록은 단지 명칭을 바꾸는 일이 아니었다. 디자인 전문회사의 경우 여러 분야가 있으므로 분야마다 국가에서 보는 전문인력의 수가 정해지기 마련이다. 종합디자인의 경우에는 전문 인력 3명, 사업실적 건수, 직접 제작을 입증할 수 있는 자료, 사업자 등록 업종 변경, 매출요건(종합디자인의 경우)까지 포함된 복합적인 준비 과정이었다. 대표님은 잠시 말을 아꼈다. "야근도 많고, 직원들 학력 및 경력 증명서 챙기고 실적정리도 해야하고 일일이 연락해야 할 텐데…. 할 수 있을까요?" 나는 천천히 대답했다. "대표님, 이걸 한 번만 해놓으면 앞으로의 길이 완전히 달라집니다."

그 순간, 그는 눈을 감았다가 뜨고 나서 고개를 끄덕였다. "좋아요. 해볼게요. 한 번은 해봐야죠." 그 한마디로, 이야기가 진짜 시작되었다.

하나씩 채워가면, 결국 문은 열린다

결심은 늘 말보다 빠르지만, 실행은 말보다 무겁다. 디자인 전문회사 등록을 위한 첫 걸음은, 생각보다 훨씬 세세한 것들을 요구했다. 단지 '나는 영상을 잘 만든다'는 감정적 자신감만으로는 접근할 수 없는 영역이었다. 무엇보다 가장 먼저 마주한 건, '구조가 없는 창의성은 증명이 어렵다'는 현실이었다.

대표님은 회사 내부의 정리부터 시작했다. 가장 먼저 부딪힌 건 '전문 인력 3명 이상'이라는 규정이었다. 단순히 직원이 3명 있다는 뜻이 아니었다. 각자의 전공, 경력, 과거 소속 프로젝트를 증명할 수 있어야 했고, 일부 직원은 재직 기간이 짧아 요건에서 제외되었다. 결국 그는 밤마다 남은 직원들과 마주 앉아, 각자의 이력을 다시 정리하고, 전문회사의 등록을 위해 실적을 포트폴리오 형식으로 만들어가기 시작했다.

"이걸 다 끝내면, 진짜 바뀔 수 있겠죠?" 그가 그렇게 묻던 밤이 있었다. 나는 서류 뭉치를 정리하며 대답했다. "그게 행정의 특징입니다. 끝까지 온 사람에겐 반드시 문을 열어줍니다."

며칠 뒤, 그는 디자인 전문회사 등록을 위한 모든 서류를 정리해 관할 기관에 제출했다. 서류를 넘긴 순간, 그는 처음으로

'내가 영상 업계 사람이 아니라, 국가 제도 안에서 움직이는 기업 대표가 되어가는 느낌이 든다'고 말했다.

며칠 후, 등록이 승인되었다는 연락이 왔다. 우리는 함께 환하게 웃었다. 하지만 멈추지 않았다. 바로 이어서 '수출 바우처 사업' 신청을 진행했다. 그 사업은 중소기업이 해외 진출을 위한 마케팅·홍보·컨설팅 등을 지원받는 정부 프로그램이었다.

그 과정은 수월하지 않았다. 선정을 위해 가장 중요한 그동안의 회사에서 진행한 업무를 증명할 수 있는 증명서 발급을 위해 몇 년 전 작업했던 클라이언트를 다시 찾기 위해 이메일을 수십 통 보내야 했고, 어떤 업체는 담당자가 퇴사해 실적 확인서 발급이 늦춰지기도 했다. 하지만 대표님은 매일 밤 사무실에 불을 켜놓은 채, 하나씩 체크리스트를 지워나갔다. 뿐만 아니라 영상에 대해 직접생산한다는 직접생산능력증명서도 필요하여 공공구매 종합정보망을 통해 발급을 진행했다. (보통 일반적 제조업의 경우만 발급될것이라 생각하지만 행사를 진행하거나 디자인, 영상등의 예술제작의 경우도 발급가능 하다.)

그리고 며칠 후, 사업 선정 통보가 왔다. 그렇게 해당 회사는 영상 제작 기반의 콘텐츠로 수출 마케팅에 진입할 수 있게 되었고, 첫 해외 홍보 작업도 공식적으로 시작되었다.

그 순간, 대표님의 눈빛은 분명히 바뀌어 있었다. 이제 그는 더 이상 "이게 가능할까요?"라고 묻지 않았다. 그는 "이건 다음으로 어떻게 확장하죠?"라고 물었다.

수출 바우처를 통해 해외 시장 진출이 가능해졌다는 사실은, 대표님에게 처음으로 '외부 시장'이라는 감각을 선사했다. 그전까지 영상은 늘 '의뢰받아 만드는 것'이었고, 시장은 늘 '국내'에만 있었다. 그러나 정부 지원을 통해 영문 마케팅 페이지를 제작하고, 해외 브랜드와 협업 논의를 시작하자 그는 깨달았다. "이건 더이상 콘텐츠가 아니라 기술이에요. 그리고 이 기술은 확장할 수 있어요."

그의 다음 행선지는 특허청 산하 지역지식재산센터(RIPC) 협력기관 등록이었다. 처음 이 단어를 들었을 때, 그는 이렇게 말했다. "이건 우리 같은 영상 회사와는 더 먼 세계 아닐까요?" 나는 고개를 저었다. "아닙니다. 이제부터는 영상이 아니라 '기술 기반 콘텐츠'로 해석됩니다. 그리고 정부는 이 구조를 갖춘 기업과 손잡고 싶어합니다."

그 과정은 또다시 힘난했다. 이번에는 '연구원 등록'이라는 새로운 장벽이 나타났다. 단지 회사만이 아니라, 각 구성원 하나하나의 자격 요건까지 검증받아야 했다. 일부 직원은 경력 증빙이 어려워 빠질 수밖에 없었고, 그 자리를 새로 채

워야 했다. 대표님은 고민하지 않았다. 그는 사람을 새로 뽑고, 모든 직원의 자격을 검토했고, 포트폴리오를 학술 자료처럼 정리해 제출했다. 그렇게 몇 주를 더 지나자, 마침내 승인 통보가 왔다. 회사는 RIPC 협력기관으로 선정되었다. 이제 이 회사는 단순히 영상물을 제작하는 업체가 아니라, 국가의 지식재산 제도와 협력하는 창의 기술 파트너로 공식 등록된 것이다.

여기서 멈추지 않았다. 그는 기존의 영상 제작 기술을 드론 기반의 공공영상 기술로 확장했다. 그리고 마침내 '벤처기업 인증'이라는 새로운 산을 바라보기 시작했다. 원래는 개인사업자였지만, 법인 전환도 추진 중이었고, 창업기업 확인서 발급은 일정상 어려워졌지만 개인사업자 상태에서의 벤처 인증 준비까지 해내고 있었다.

그는 내게 말했다. "국가 지원이요? 솔직히 예전엔 '남 얘기'라고 생각했어요. 근데 지금은 꼭 필요한 성장 전략이라고 느껴져요."

나는 조용히 고개를 끄덕였다. 그의 여정은 처음부터 거창하지 않았다. 하지만 하나씩, 정확히, 멈추지 않고 기본기를 쌓아왔기에 지금의 문이 열렸던 것이다.

이제 그 회사는 단지 영상만 만드는 곳이 아니다. 기술, 제도, 수출, 파트너십을 모두 엮어가는 기업으로 거듭났다. 그리고 나는 그 모습을 보며 확신하게 되었다. 정부는 무조건 도와주지 않는다. 하지만, 준비된 사람에게는 반드시 문을 연다.

KEY POINT

- 창의산업(영상, 콘텐츠 등)의 정부지원 접근법은 '단순 창작업'이 아닌 '디자인 전문회사', '기술 기반 콘텐츠 기업'으로의 자격 전환이 필수적이다. 업종 재정의를 통해 지원 가능성이 크게 확장된다.

- 정부지원 자격요건 확보는 단계적 접근이 효과적하다. '디자인 전문회사 등록 → 수출바우처 참여 → RIPC 협력기관 등록 → 벤처기업 인증'의 순서로 점진적으로 확장하는 전략이 유효하다.

- 콘텐츠 기업의 해외진출은 '작품성'보다 '제도적 자격'과 '체계적 증빙'이 핵심이다. 사업실적증명서, 전문인력 증빙, 표준화된 포트폴리오 등 공식적 증명자료가 반드시 필요하다.

Quick Reference

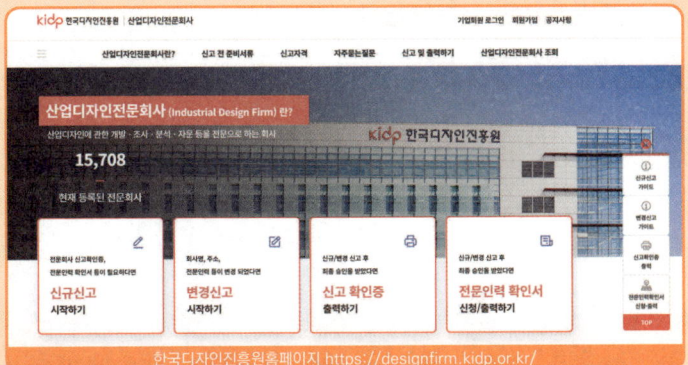
한국디자인진흥원홈페이지 https://designfirm.kidp.or.kr/

수출지원기반활용사업 홈페이지 https://www.exportvoucher.com/

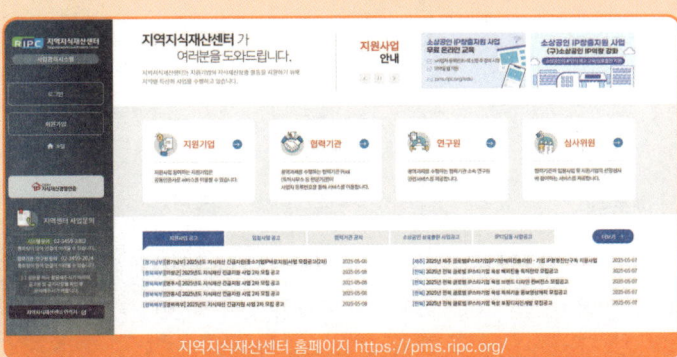
지역지식재산센터 홈페이지 https://pms.ripc.org/

정부의 '돈을 받는 방법'을 알려드립니다

창업했지만 국가는
인정하지 않았다

확인서 하나가 사업 자격을 가른 현실

나는 창업했지만, 국가는 그렇지 않다고 했다

그녀는 처음부터 작정하고 시작한 사람이었다. 수년간 피부 현장에서 쌓아온 경험을 기반으로, 단순 유통이 아닌 제조 자체를 목표로 법인을 세웠고, 자가 테스트도 마쳤으며, 제품 기획도 이미 3종 이상 진행 중이었다. 그녀는 말했다. "이번엔 진짜 제가 주도하는 회사를 만들려고요." 그 말에는 열정도 있었고, 약간의 복수심도 있었다.

처음에는 가장 친한친구와 함께 시작하려 했다. 둘은 대학 시절부터 같은 꿈을 꿔왔고, 서로 다른 전문성을 가지고 있었다. 그녀는 제품과 마케팅을, 친구는 자금 관리와 사업 계획을 맡기로 했다. 하지만 그녀는 초기 자금이 부족했고, 투자 비율을 맞추지 못해 어쩔 수 없이 지분을 더 양보했다. "네가 아이디어와 전문성이 있으니 내가 자금을 더 대고, 너는 제품에만 집중해. 우리 함께 키워보자."

그렇게 40:60 비율로 시작된 회사였지만, 시간이 흐를수록 상황은 변했다. 가장 친한친구는 본업이 바빠지면서 약속했던 업무를 제대로 수행하지 못했고, 결국 모든 의사결정과 운영은 그녀 혼자 감당하게 되었다. 친구는 투자자로만 남게 되었고, 그녀는 실질적인 경영자가 되었다.

모든 준비는 빠르게 진행되었다. 창업기업 확인서를 받으면 정부 지원 과제도 열릴 것이고, 기업부설연구소도 설립하고 벤처 인증도 가능할 것이라 믿었다. "서류는 다 준비됐어요." 그녀는 자신 있게 말했다. 폐업된 과거 개인사업자 이력도, 지금의 법인등기부도, 사업계획서도 단단히 준비했다. 그러나 그 자신감은 '하나의 문장' 앞에서 무너졌다. "동종업종 재창업으로 간주되어 창업기업 확인서 발급이 불가합니다."

그녀는 혼란스러웠다. "그건 유통이었고, 지금은 제조인데요? 완전히 다른 일이잖아요?" 그 말은 틀리지 않았다. 유통과 제조는 분명 이종업종이다. 그런데도, 관할 기관의 판단은 단호했다. 문제는 업태가 아니라 산업군의 업종 코드였다. 처음 업종을 등록할 시 사업의 확장을 염두하여 확인하지 않고 가능한 업종을 모두 넣었던 부분이 화근이 되었다. 산업군의 업종 코드가 같으면 '동일 업종'으로 해석된다는 것이었다. 그녀는 말없이 공문을 내려다봤다. 말로는 납득했지만, 감정은 그렇지 않았다. 이번이 '처음'이 아니라고 하면, 도대체 언제가 처음이란 말인가.

며칠 후, 우리는 책상에 마주 앉았다. 나는 그녀에게 한 가지 질문을 던졌다. "혹시 가장 친한친구분은 이번 법인에 관여하고 계신가요?" 그녀는 조금 머뭇거리다 대답했다. "처음에는 정말 함께 하려고 했어요. 저희는 공동창업자였거든요. 다만 제가 초기 자금이 부족해서 어쩔 수 없이 지분을 40:60으로 나눴어요. 저는 40%, 친구가 60%예요. 그런데 시간이 지나면서 친구는 본업이 바빠져서 약속했던 역할을 하지 못했고…. 지금은 사실상 제가 모든 것을 결정하고 있어요. 그 친구는 주주로만 남아있는 상태예요."

나는 메모를 멈추고 고개를 들었다. 그 순간, 두 번째 장벽이 머릿속에 그려졌다. 단지 업종의 문제가 아니라, '이 회사가 누구의 것이냐'는 본질적인 질문이 시작된 것이었다.

그녀는 뭔가 잘못되고 있다는 걸 느끼고 있었지만, 그게 정확히 어디서 시작된 것인지 알 수 없었다. 그리고 나는 그날 이후, 이 프로젝트가 단순히 '서류를 정비하는 일'이 아니라, 그녀가 정말로 "이 사업의 주체가 누구인지를 설계하는 과정"이라는 것을 스스로 깨달아야 한다는 사실을 알고 있었다.

하지만 그 각성은 아직 오지 않았다. 그녀는 여전히 말한다. "처음부터 다시 시작했는데요. 도대체 뭐가 문제죠?" 며칠이 흘렀지만, 그녀는 여전히 서류 앞에서 머물러 있었다.

행정상 '동종업종 재창업'이라는 판단은 그녀에게 이해는 되었지만, 스스로 알지 못했던 부분에 원망스러웠다. "제가 운영했던 건 그냥 유통이었어요. 지금은 제조도, 공정도 다르고, 제품도 새로 개발했는데…. 이게 왜 같은 창업으로 보이는지 아직도 모르겠어요." 그녀의 억울함은 사실 너무도 자연스러웠다.

하지만 문제는 더 깊은 곳에 있었다. 만약 그녀의 지분이 60%였다면, 상황은 완전히 달라졌을 것이다. 기존에 개인사업자나 법인을 운영했던 사람이 새로운 법인을 설립할 경우, 본인의 지분이 50% 미만이어야 창업기업으로 인정받을 수 있다. 친족 관계를 포함해서 직접적인 관계가 있는 가족의 지분까지 합쳐서 50%를 넘지 않아야 한다는 엄격한 기준이 있었다. 지금처럼 그녀의 지분이 40%인 것은 오히려 다행이었다.

하지만 실질적인 경영권과 법적인 소유권의 괴리가 문제였다. 이전 사업은 그녀가 실질적으로 운영했지만, 세무자료, 통장, 재무상 입출금 구조까지 보면 그녀는 '책임자'였다. 심사 시스템은 감정이 아닌, 데이터와 구조로 판단한다. 그녀는 '운영하지 않았다'고 주장했지만, '운영한 흔적'은 지워지지 않았다.

문제는 거기서 그치지 않았다. 지금 설립한 법인의 주주 구성이 또 하나의 함정이었다. "가장 친한친구 지분이 60%입니다. 하지만 실무는 제가 다 하고 있어요. 그 친구는 본업이 너무 바빠서 처음 약속했던 역할을 전혀 못하고 있어요. 저희가 최근에 주주총회 하면서 논의한 것도 없고, 모든 결정은 제가 다 내리고 있어요."

나는 깊게 숨을 들이쉬고 조심스레 말했다. "그 말씀은 맞지만…. 현재 회사의 '최대 주주'는 가장 친한친구입니다. 법률상으로는 그분이 이 회사의 실질적 책임자라고 해석됩니다." 그녀는 그 순간 말문이 막혔다. "아니요. 이건 제가 처음부터 다 만든 회사인데요. 제품 기획도, 포장도, 유통 라인도 제가 직접 정한 거예요. 친구는 처음에 자금만 더 많이 넣었을 뿐이에요. 지금은 회사에 거의 오지도 않아요."

그날 저녁, 나는 그녀에게 두 장의 메모를 건넸다. 하나는 '새로운 법인 설립 가이드', 다른 하나는 '창업주 명의 확정 조건' 체크리스트였다. "지금의 법인으로는 창업기업 확인서를 받기 어렵습니다. 중요한 것은 법인 설립 당시부터 지분 구조가 정해져 있어야 한다는 점입니다. 창업기업 확인서 신청 시에는 설립 당시의 주주 명부와 현재의 주주 명부를 모두 제출해야 하고, 두 시점 모두에서 본인의 지분이 50% 미만이어야 합니다. 중간에 지분을 조정해도 소용이 없습니다."

그녀는 처음엔 머뭇거렸다. 오랜 우정이 걸려 있었고, 새로운 법인 설립은 결국 처음부터 다시 시작하는 일이었다. "그럼 이 회사는 어떻게 하죠? 이미 제품도 준비했고, 거래처도 확보했는데…." 나는 조용히 말했다. "현재 법인은 그대로 운영하되, 창업 지원을 받으려면 다른 업종으로 새 법인을 설립해야 합니다. 그리고 그때는 처음부터 지분 구조를 제대로 설계해야 합니다."

그녀는 고민 끝에 결단을 내렸다. 친구에게 솔직하게 현재 상황을 설명했다. 처음의 계획과 달리 모든 운영과 책임이 자신에게 집중되었고, 이제 법적으로도 그 사실을 인정받아야 한다고. 다행히 친구도 현실을 인정했고, 자신이 약속한 역할을 수행하지 못했다는 점에 미안함을 표했다.

새로운 계획을 세웠다. 이종업종으로 분류될 수 있는 영역에서 새 법인을 설립하기로 했다. 이번에는 처음부터 그녀가 51% 이상의 지분을 갖되, 창업기업 확인서가 필요 없는 구조로 가거나, 아니면 신뢰할 수 있는 파트너와 함께 그녀의 지분을 49% 이하로 설정하는 방안을 검토했다. 그리고 그 모든 것을 문서화해 다시 준비하기 시작했다. 제품 기획, 제작 의사 결정, 테스트 회의, 거래처 미팅 기록, 자금 결제권한 …. 모든 증거는 그녀에게서 시작되고 그녀에게서 끝난다는 걸 입증하는 방식으로.

그 과정은 단순한 정리 작업이 아니었다. 그건 그녀가 자신의 회사를 처음으로 외부 기준에 맞춰 '정식으로 설명하는 작업'이었다. 그리고 그 설명은 행정을 위한 것이 아니라, 스스로를 증명하기 위한 과정이 되어가고 있었다.

하루는 그녀가 조용히 말했다. "이런 거 정리 안 해도 사업은 되거든요. 근데 이걸 하다 보니까…. 제가 정말 처음부터 대표였다는 걸 저 자신에게도 말하게 되는 것 같아요. 지분 숫자보다 중요한 게 있다는 걸 이제야 알겠어요." 나는 그 말을 듣고 천천히 고개를 끄덕였다. 그녀는 이제 막 시작하고 있었다. 회사를 바꾸는 게 아니라, 자신을 설명하는 언어를 새롭게 배우는 중이었다.

정확히 37일 만이었다. 보완요청 → 지분구조 정정 → 설명 보충서까지 모든 단계를 마치고, 담당 기관의 회신이 도착했다. 메일 제목은 평범했다. "창업기업 확인서 검토 결과 통보." 하지만 그걸 클릭하는 그녀의 손은 멈칫했고, 몇 초간 화면을 바라보며 숨을 삼켰다. 메일 본문엔 짧은 문장이 적혀 있었다. "신청인의 사업은 기존 사업과 명확히 구분되는 창업으로 확인되며, 확인서 발급이 가능합니다." 그 순간, 그녀는 조용히 고개를 숙였다.

이건 단순히 서류가 통과된 게 아니었다. 이건, 그녀가 누구인지에 대해 국가가 정식으로 답을 내준 순간이었다. 며칠 후, 그녀는 확인서를 출력해 사무실 입구 벽에 걸었다. 출력물 한 장, 도장 하나, 종이 위의 문장 몇 줄. 겉보기엔 아무것도 아닌 것처럼 보이지만, 그 속에는 그녀가 한 달 넘게 반복했던 모든 설명과 설계, 그리고 싸움이 들어 있었다.

가장 친한 친구에게 감사의 연락을 보냈다. "처음에 너의 도움이 없었다면 이 회사는 시작도 못했을 거야. 이제 제대로 된 창업자로 인정받았어." 친구는 짧게 답장을 보냈다. "원래 네 회사였어. 이제 공식적으로도 그렇게 됐네."

"처음에는 이게 너무 억울했어요. 내가 진짜 창업자인데, 왜 아니라고 하는 건지…. 그런데 지금은 좀 달라졌어요. 이제는 그 질문에 제 쪽에서 먼저 대답할 수 있을 것 같아요." 그녀는 그렇게 말했다. 그 말은 단순한 소감이 아니었다. 그녀는 이 과정을 통해 배운 것이다. '창업'이란 단어는 사업을 시작한다는 선언이 아니라, 그 선언을 '책임 있게 설계하고 증명할 수 있을 때에만 붙일 수 있는 이름'이라는 것을.

그날 이후, 그녀는 사업을 다시 바라보게 됐다. 매출 그래프보다 조직 구조도를 먼저 점검했고, 제품 출시보다 고객 이슈 대응 플로우를 먼저 그렸다. 이제는 자신 있게 말할 수 있었다. "저는 창업자입니다. 그리고, 제 회사는 그렇게 설계되어 있습니다."

KEY POINT

- 창업기업 확인은 '실질적 최초 창업' 여부로 판단된다. 산업군의 업종 코드가 같으면 동종업종으로 간주되므로, 사업을 시작할 시에 염두하여 업종 등록을 해야한다.

- 기존 사업 경험자의 재창업 시 지분율이 핵심이다. 본인 지분이 50% 미만이어야 하며, 친족 관계를 포함한 특수관계인의 지분 합계도 50%를 초과하면 안 된다. 법인 설립 당시부터 이 조건을 충족해야 하며, 중간에 지분을 조정해도 인정받지 못한다.

- 창업주 증명은 형식보다 실질이 중요하다. 의사결정 기록, 사업계획 수립 문서, 자금집행 권한 등 실제 경영활동 증빙자료를 체계적으로 구축해야 정부 심사를 통과할 수 있다.

Quick Reference

중소기업창업 지원법 시행령 제2조제1항에 해당하지 않는 중소기업

① 1「중소기업창업 지원법」(이하 "법"이라 한다) 제2조제2호의 창업은 중소기업을 새로 설립하여 사업을 개시하는 것으로서 다음 각 호의 어느 하나에 해당하지 않는 것으로 한다.

1. 타인으로부터 사업을 상속 또는 증여 받은 개인이 기존 사업과 같은 종류의 사업을 개인인 중소기업자로서 개시하는 것
2. 개인인 중소기업자가 기존 사업을 계속 영위하면서 중소기업을 새로 설립하는 것으로서 다음 각 목에 해당하는 것
   가. 개인인 중소기업자로 사업을 개시하는 것
   나. 개인인 중소기업자가 단독으로 또는 「중소기업기본법 시행령」에 따른 친족과 합하여 의결권 있는 발행주식(출자지분을 포함한다. 이하 같다) 총수의 100분의 50을 초과하여 소유하거나 의결권 있는 발행주식 총수를 기준으로 가장 많은 주식의 지분을 소유하는 법인인 중소기업을 설립하여 기존 사업과 같은 종류의 사업을 개시하는 것
3. 개인인 중소기업자가 기존 사업을 폐업한 후 중소기업을 새로 설립하여 기존 사업과 같은 종류의 사업을 개시하는 것. 다만, 사업을 폐업한 날부터 3년(부도 또는 파산으로 폐업한 경우에는 2년을 말한다) 이상 지난 후에 기존 사업과 같은 종류의 사업을 개시하는 경우는 제외한다.
4. 법인인 기업이 의결권 있는 발행주식 총수의 100분의 50(법인과 그 법인의 임원이 소유하고 있는 주식을 합산한다)을 초과하여 소유하는 다른법인인 중소기업을 새로 설립하여 사업을 개시하는 것
5. 법인의 과점주주(「국세기본법」 제39조제2호에 따른 과점주주를 말한다. 이하 이 조에서 같다)가 새로 설립되는 법인인 중소기업자의 과점주주가 되어 사업을 개시하는 것
6. 「상법」에 따른 법인인 중소기업자가 회사의 형태를 변경하여 변경 전의 사업과 같은 종류의 사업을 계속하는 것

정관 하나 바꾸고
모든 게 달라졌다

사단법인 설립 2개월 성공, 설계자의 개입

방향 하나가 모든 걸 바꿨다

서울 시내의 작은 카페 한 구석, 빗소리가 유리창을 따라 흘러내리던 오후였다. 묵직한 서류철을 들고 나타난 대표는 자리 앞에 그것을 조심스럽게 내려놓았다. 낡은 문서철 속에는 1년 넘게 반복된 시도와 실패가 고스란히 들어 있었다. 그는 대화를 시작하기에 앞서 잠시 숨을 골랐고, 마치 자기를 변명이라도 하듯 낮은 목소리로 말을 이었다. "사실, 저희가 장학기금을 좀 더 체계적으로 운용하고 싶었어요. 단순한 동문회 모임을 넘어서, 학교와도 정식으로 협업하려면 사단법인 설립이 필요하다고 해서…." 나는 고개를 끄덕이며 그의 이야기를 듣고 있었지만, 문득 머릿속을 스치는 의문이 있었다.

"지금까지 몇 번이나 반려되셨다고요?"

"두 번이요. 서류가 다시 돌아오기만 반복됐습니다. 처음부터 뭘 잘못한 건지도 잘 모르겠어요."

"혹시 처음부터 사단법인으로 신청하셨습니까?"

"네. 그런데 이전 행정사분들이 매번 다른 얘기를 하셔서…. 누구는 그냥 사단법인으로 하라고 하고, 누구는 공익법인으로 해야 한다고 하고요."

그 순간, 나는 속으로 단단히 고개를 끄덕였다. 모든 실마리는 그 안에 있었다. 행정사마다 안내가 달랐다는 것, 그리고 기부금 지정 단체에 대한 계획 없이 정관을 작성했다는 것. 대표가 보여준 서류에는 '○○고등학교 건축과 동문 장학사업', '후배 멘토링 프로그램' 등 구체적인 대상과 활동이 명시되어 있었다. 이런 구체적인 표현은 일반 사단법인 설립에는 문제가 없지만, 향후 기부금 지정 단체로 전환하려면 걸림돌이 될 수 있었다.

나는 단도직입적으로 물었다. "혹시 나중에 기부금 단체 지정도 생각하고 계신가요?" 그는 잠시 머뭇거리다 고개를 끄덕였다. "네. 언젠가는…. 그게 있어야 기부도 더 활발해질 거라고 들어서요." 나는 문득, 그가 순서는 맞췄지만 설계는 놓쳤다는 것을 확신했다. 나는 그 자리에서 서울시 교육청 담당자에게 직접 전화를 걸었다. 설명을 마친 뒤, 조심스럽게 물었다. "일반 사단법인으로 먼저 설립하고, 나중에 기부금 지정 단체로 전환하는 게 가능할까요?" 수화기 너머에서 들려온 답변은 명확했다. "가능합니다. 다만 처음부터 그걸 염두에 두고 정관을 작성하셔야 해요. 너무 구체적으로 특정 학교나 특정 집단만을 위한다고 쓰면 나중에 공익성을 인정받기 어렵습니다."

그 말을 전하자, 대표의 눈이 커졌다. "그럼…. 처음부터 정관을 다르게 썼어야 했던 건가요?" 나는 천천히 웃으며 고개를 끄덕였다. 그 표정 안에는 안도보다 더 깊은 복합적인 감정이 서려 있었다. 허무함, 아쉬움, 그리고 이제라도 제대로 해보고 싶다는 결심. 나는 그에게 말했다. "이제부터라도 방향을 다시 잡으시죠. 일반 사단법인으로 먼저 설립하되, 향후 기부금지정 단체 전환을 염두에 두고 정관을 설계해봐야 합니다." 그날의 카페는 조용했지만, 나에게는 하나의 문이 열린 듯한 순간이었다. 그 어떤 전략보다 중요한 건, 처음부터 올바른 방향을 잡는 것이었다. 나는 문득 이런 생각이 들었다. "그가 지금 겪는 실패는, 결국 초기 설계를 놓친 결과였구나." 그리고 이제부터는 내가 그 설계를 다시 잡아주는 사람이 되어야 했다.

문서를 고친 것이 아니라, 사람을 설득한 것이었다

며칠 후, 나는 대표와 다시 마주 앉아 정관과 사업계획서를 처음부터 펼쳐보기 시작했다. 특정 학교명이 들어간 문장들, 구체적인 수혜 대상이 명시된 조항들이 눈에 띄었다. 일반 사단법인 설립만 생각한다면 문제없었지만, 미래를 보면 달랐다. 나는 대표에게 말했다. "이 문서는 현재만이 아니라 미래도 담아야 합니다."

그날 우리는 정관을 통째로 다시 쓰기로 했다. '건축 분야 후학 양성을 위한 장학사업', '건축 문화 발전을 위한 학술 활동', '사회 공익 증진을 위한 교육사업' 등 더 포괄적이고 추상적인 표현으로 바꿨다. 구체적인 학교명은 빼고, '교육기관'이라는 일반적 표현으로 대체했다. 특정 집단이 아닌 '사회 일반의 이익'을 위한다는 공익성을 강조했다.

사업계획서는 다른 방향으로 접근했다. 일반 사단법인은 1년치 계획만 필요했기에, 실현 가능하면서도 구체적인 활동 계획을 담았다. 정관은 추상적으로, 사업계획은 구체적으로 – 이 이중 전략이 핵심이었다. 그날 밤늦도록 컴퓨터 앞에 앉아 문장을 다듬던 대표는 중간에 한참을 멍하니 화면을 바라보다 말했다. "이렇게 쓰니까…. 우리가 정말 더 큰 일을 할 수 있을 것 같은 느낌이 드네요." 나는 조용히 고개를 끄덕였다. 그런 감각을 대표가 느꼈다면, 이미 절반은 성공이었다.

며칠 뒤, 우리는 교육청을 다시 찾았다. 구청 회의실은 여전히 차분하고 서늘한 분위기였다. 담당자는 새롭게 작성한 정관과 사업계획서를 차례로 넘겨보며 묵묵히 읽었다. 나는 설명을 덧붙이지 않았다. 설명 없이도 설득되는 문서를 만드는 것이 이번 작업의 목표였기 때문이다. 하지만 잠시 후, 그는 고개를 들고 짧게 말했다. "이번엔… 방향이 명확하네요." 그 한 마디가 얼마나 큰 의미였는지, 대표는 나중에 나에게 말했다. "그 말 듣고 나서, 처음으로 가능성이라는 게 보였어요."

우리는 그 후로도 몇 번의 서류 수정을 거쳤다. 위임장, 회의록, 출연금 확인서 등 자잘한 서류들도 꼼꼼하게 정비했다. 그러나 그보다 더 중요한 일은 따로 있었다. 나는 대표에게 제안했다. "이번엔 공무원들과의 소통 방식도 바꿔보세요. 서류를 제출하는 사람에서, 함께 일하는 사람으로 가야 합니다." 그는 처음엔 머뭇거렸지만, 곧 그 말의 의미를 받아들였다. 전화도 메일도, 회신의 어조가 바뀌었다. "바쁘시겠지만 혹시 검토 부탁드려도 될까요?"에서 "이번에는 이런 방향으로 구성했는데, 보시고 불편하신 부분 있으면 언제든 말씀 주세요"로 바뀐 말투는 공무원들에게도 다른 인상을 주었을 것이다. 어느 순간부터 담당자는 의견을 단호하게 자르지 않았다. "이건 안 됩니다"가 아니라, "이 부분만 조금 조정되면 가능하겠습니다"라는 말이 돌아왔다. 나는 그 변화가 반가웠다.

그 무렵, 대표는 동문회 내부에도 변화를 주기 시작했다. 회의록을 정리하고, 회칙을 공유하며, 그간의 실패 과정을 투명하게 알렸다. 몇몇 동문들은 "이제야 제대로 된 느낌이 든다"

고 말했고, 한 명은 "이렇게 정리된 걸 보니, 나도 다시 참여해도 되겠다는 생각이 들어요"라고 했다. 조용했던 메신저방에는 다시 메시지가 올라왔고, 새 회의 날짜가 잡히기 시작했다. 나는 그 변화의 속도보다, 그 진심이 흘러가기 시작한 순간들이 더 중요하다고 느꼈다.

그리고 마침내, 그날이 왔다. 교육청으로부터의 전화. "이번 서류는 요건 충족됐습니다. 최종 승인 절차로 넘어가겠습니다." 나는 곁에 있던 대표에게 그 말을 그대로 전했다. 그가 한동안 말을 잇지 못하고 손에 쥔 커피잔을 바라보다 조용히 말했다. "정말 되는 거군요…. 우리가 만든 걸로." 그 목소리엔 기쁨보다 더 오래된 감정이 있었다. 안도, 회복, 책임감. 나는 그 순간, 우리가 단지 문서를 고친 게 아니라, 사람을 설득해 낸 거라는 걸 확신했다.

기획은 서류를 완성시키지만, 진심은 사람을 설득한다

사단법인 설립 승인을 받고 돌아오는 길, 대표는 창밖을 오래 바라보았다. 말수가 줄었지만 그 침묵은 가벼웠다. 지난 몇 달간, 서류를 고치는 일이었다고 생각했던 일은 사실 사람을 다시 세우는 일이었다. 대표는 처음 만났을 때, "서류를 빨리 통과시켜야 동문들 체면이 서요"라며 조급해하던 사람이었다.

하지만 이제는 "시간이 걸려도 괜찮습니다. 오래 가는 게 중요하니까요"라고 말하는 사람이 되어 있었다. 나는 그의 변화를 보며 확신했다. 이 설립은 단지 결과가 아니라, 한 사람의 리더십이 새롭게 태어난 과정이었다.

며칠 후, 그는 나에게 웃으며 전화를 걸어왔다. "기업에서 기부금이 한 건 들어왔어요. 학교 측에서도 협약 제안을 해왔고요." 말투는 담담했지만, 그 안에는 말로 설명하기 어려운 감정이 담겨 있었다. 그 순간 나는 깨달았다. 사단법인 설립은 단지 '허가'가 아니라, 이 조직이 사회로부터 처음으로 '존재를 승인받은' 순간이었다는 걸.

사무실 책상 위에 쌓여 있던 서류들은 이제 하나의 완성된 묶음이 되었고, 그것은 곧 조직의 정체성을 상징하는 상징물이 되었다. 더 이상 누군가에게 설명하지 않아도 되는, 스스로 존재를 증명하는 문서. 장학금은 법인 명의로 정식 집행되었고, 회계 시스템은 투명하게 구축되었으며, 후배 멘토링 프로그램은 체계적인 사업으로 편성되어 다시 시작되었다. 달라진 건 문서뿐이 아니었다. 사람들의 표정이 바뀌었고, 참여의 방식이 달라졌다. 어떤 동문은 이렇게 말했다. "예전에는 그냥 도와주는 느낌이었는데, 지금은 우리가 진짜 뭔가를 하고 있다는 기분이에요."

그러던 어느 날, 대표는 다시 한 번 도전하고 싶다고 말했다. "이제 기부금 단체 지정을 추진해보고 싶습니다." 나는 천천히 고개를 끄덕이며 물었다. "다행히 정관은 이미 준비되어 있죠?" 그는 웃으며 말했다. "처음부터 선생님이 그걸 염두에 두고 작성해주셨잖아요. 이제야 그 의미를 알겠습니다."

우리는 다시 정관을 펼쳐보았다. 추상적으로 작성된 목적사업들이 이제는 공익법인 지정의 든든한 기반이 되어 있었다. '사회 일반의 이익에 기여', '교육 문화 발전', '후학 양성을 통한 공익 증진' 이런 표현들이 기부금 지정 단체 심사에서 얼마나 중요한지를 이제는 누구보다 잘 알았다. 정관 변경 절차를 거쳐 등기를 마친 후, 우리는 기부금 지정 단체 신청서를 제출했다. 이번에는 달랐다. 정관의 공익성은 이미 충분했고, 1년간의 실제 운영 실적도 쌓여 있었다. 무엇보다 조직 자체가 그 사이 성숙해져 있었다. 공무원은 검토 후 말했다. "정관이 잘 준비되어 있네요. 처음부터 이걸 목표로 하신 것 같습니다." 그 말이 마음에 남았다. 나는 그 이후, 단 한 줄의 문장도 가볍게 쓰지 않는다. 정관의 문구 하나, 문장의 뉘앙스 하나가 신뢰, 설득, 그리고 수천만 원의 기부 유입까지 좌우할 수 있다는 걸 이제는 누구보다 잘 안다.

나는 더 이상 행정사를 단순한 '서류 대리인'이라 생각하지 않는다. 행정은 목적과 철학을 해석하는 일이다. 기획자는 서류가 아니라 흐름을 설계하고, 조건이 아니라 방향을 읽는다. 공무원과의 대화에서도, 나는 단지 규정을 따르는 사람이 아니라, 조직이 왜 존재해야 하는지를 설득할 수 있어야 한다고 믿는다.

이 사건은 나에게 그 모든 걸 다시 확인시켜준 과정이었다. 실패한 서류에서 시작해, 조직의 본질을 되찾은 한 프로젝트. 나는 가끔 이 사례의 초안을 꺼내 다시 읽어본다. 단지 행정적 성과가 아닌, 사람의 이야기로서. 방향이 잘못된 길에서 돌아와, 다시 걸어간 이야기로서. 그리고 무엇보다, 한 사람의 진심이 조직 전체를 다시 살아 숨 쉬게 만든 기획의 서사로서.

KEY POINT

- 사단법인 설립 시 법인 유형(일반/공익)과 목적 설정이 승인의 결정적 요소다. 일반 사단법인을 먼저 설립하고 추후 기부금 지정 단체로 전환하는 것이 효율적이며, 이를 위해서는 처음부터 정관을 추상적이고 공익적으로 작성해야 한다.

- 정관 작성 시 공익성을 위해서는 추상적 표현이 중요하다. 특정인이나 특정 단체를 명시하면 공익성 인정이 어려우므로, "사회 일반의 이익", "교육 문화 발전" 등 포괄적 표현을 사용해야 한다. 반면 사업계획서는 구체적이고 실행 가능하게 작성한다.

- 주무관청과의 소통방식이 승인에 큰 영향을 미친다. 서류 제출자가 아닌 '함께 일하는 파트너'로서의 관계 형성과, 담당자 의견을 수용하는 유연한 태도가 승인 과정을 단축시킨다.

"기획은 서류를 완성시키지만, 진심은 사람을 설득한다."

Quick Reference

지정요건
1. 다음 구분에 따라 정관내용이 요건을 충족할 것
   - **(민법상 비영리법인등)*** 수입의 공익목적 사용 및 **수혜자가 불특정다수**일 것
   *[비영리외국법인] 재외동포의 협력·지원, 한국의 홍보 또는 국제교류·협력 목적 추가됨
   - **(사회적협동조합)** 「협동조합기본법」제93조제1항제1호부터 제3호까지의 사업 중 어느 하나 수행
   - **(공공기관 / 법률에따라직접 설립된기관)** 설립목적이 사회복지·자선·문화·예술·교육·학술·장학 등 공익목적 활동 수행
2. 해산시 **잔여재산**이 국가·지자체 또는 **유사한 목적을 가진 비영리법인**에 **귀속**한다는 내용이 정관에 기재될 것
3. 인터넷 홈페이지가 개설되어 있고, 홈페이지를 통해 「**연간 기부금 모금액 및 활용실적**」을 **공개**한다는 내용이 정관에 기재되어 있으며, 국민권익위/국세청/주무관청 등의 홈페이지 중 1개 이상의 곳이 법인의 홈페이지에 연결되어 있을 것
4. 비영리법인등 또는 그 대표자 명의로 공직선거법에 따른 **선거운동**을 한 사실이 없을 것
5. 지정취소된 경우 **지정취소된 날부터 3년이 경과**하였을 것

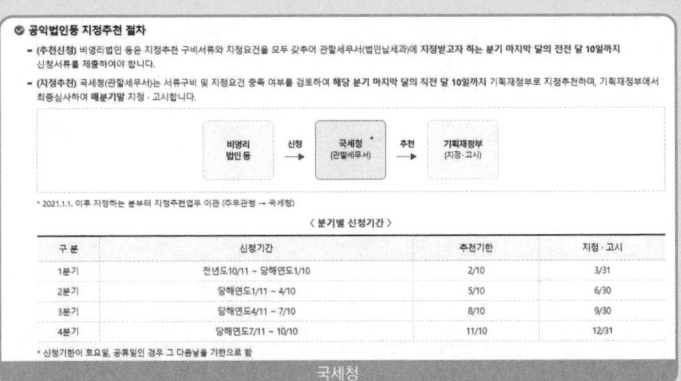

정부의 '돈을 받는 방법'을 알려드립니다

Chapter

정부는 '허가받은 사람'만 도와줍니다

1 해썹만 받으면 납품된다 — 62
  인증은 조건이 아니라 구조다

2 내가 만든 게 아니어도, 내 이름으로 팔면 내 책임입니다 — 71
  쇼핑몰 대표의 통관 실패기

3 여행업 등록은 신고가 아니라 전략이었다 — 78
  외국인 창업자가 자격을 뚫고 전담 여행사업가가 되기까지

4 취미로 시작했는데, 사업이 되어버렸다 — 86
  SNS 비즈니스의 허가부터 성장까지

5 땅도 술도, 결국 법과 구조로 사업이 된다 — 94
  제도 안에 있어야 유통이 됩니다

해썹만 받으면
납품된다

인증은 조건이 아니라 구조다

해썹 받으면 유통할 수 있는 거죠?

"우리도 해썹 인증 받아서 크림빵 전국 납품하고 싶어요." 그녀를 처음 만난 날, 나는 그 문장 안에 담긴 꿈의 크기를 가늠하려 애썼다. 지역에서 소문난 디저트 베이커리를 운영하는 대표였고, SNS를 통해 입소문이 나면서 주말마다 줄이 길게 늘어서는 가게를 만들었다는 이야기를 들었을 때, 나는 단번에 알 수 있었다. 이 사람은 단순한 제빵사가 아니라 '사업가'로 성장하고 있는 중이라는 걸.

더 놀라웠던 건 그녀의 말투보다 눈빛이었다. 대기업 임원 못지않은 눈의 에너지를 가진 사람. 스스로를 '작은 매장 사장'이라 부르면서도, 이미 그 시선은 매장의 바깥, 더 넓은 유통과 프랜차이즈의 세계를 향해 뻗어 있었다. 그래서 나는 조심스럽게 한 마디를 꺼냈다. "그럼 해썹 인증 받으셔야겠네요." 그녀는 당연하다는 듯 고개를 끄덕이며 말했다. "이미 컨설팅 업체에 맡겨놨어요. 이대로 하면 해썹 나온다고 하더라고요."

그 말을 듣는 순간, 나는 어딘가 어긋난 뉘앙스를 느꼈다. 그녀의 자신감은 좋았지만, 그 안에는 뭔가 빠진 퍼즐 조각이 있었다. 나는 조심스럽게 질문을 던졌다. "혹시, 식품제조가공업 허가는 받으셨나요?" 그녀는 잠시 멈칫하더니 고개를 갸웃거렸다. "그건… 뭐예요? 그냥 지금처럼 매장에서 만들고 유통하면 되는 거 아닌가요?" 나는 그제야 그녀가 해썹을 '인증서 하나' 정도로 여겨왔다는 사실을 깨달았다.

해썹(HACCP)은 단순한 위생관리 인증이 아니다. 식품이 안전하게 만들어지고 있다는 '구조'를 증명하는 제도다. 생산 환경은 물론이고, 재료의 흐름, 사람의 동선, 세척 공정, 문서화된 작업 기준서까지 전부 기준 안에 포함된다. 내가 가장 자주 듣는 말은 이거다. "음식은 잘 만들고 있어요. 맛있고 깨끗하게 만들고 있는데 뭐가 문제죠?" 하지만 유통이라는 단어가 들어가는 순간, 법적 기준은 완전히 달라진다. 그냥 매장에서 만들어 파는 '즉석판매제조업'과, 제3자에게 납품하는 '식품제조가공업'은 법의 세계에서 전혀 다른 종목이 된다.

나는 다시 그녀에게 물었다. "지금 매장 구조는 어떠세요?" 그녀는 휴대폰으로 사진을 보여줬고, 나는 그 자리에서 단번에 확인할 수 있었다. 문제는 생각보다 컸다. 좁은 2층 매장이었고, 계단을 사이에 두고 반죽과 조리, 포장이 분리되지 않은 상태였으며, 직원 동선과 물품 이동 경로가 완전히 겹치고 있었다. 해썹의 기준으로 보자면, 이 구조는 애초에 '불가'였다.

나는 말을 아꼈다. 그러나 결국 이렇게 말했다. "대표님, 이 매장으로는 해썹을 받기 어렵습니다." 그녀는 한동안 아무 말도 하지 않았다. 그리고 한참 후, 작게 내뱉듯 이렇게 말했다. "그럼… 어떤 공간을 알아봐야 하죠?" 그 순간, 나는 느꼈다. 그녀는 '무리한 꿈'을 꾸고 있는 게 아니었다. 진심으로 알고 싶어 하고, 바꾸고 싶어 하고, 무엇보다도 정말 유통을 시작하고 싶은 사람이라는 것을.

나는 곧바로 노트북을 열고, 해썹 기준에 맞는 설계 예시를 보여주기 시작했다. 이 이야기는 그렇게, 현실을 마주한 사람과 구조를 설계해주는 사람 사이에서 시작되었다.

작은 매장, 뒤엉킨 동선, 그리고 냉정한 한마디

나는 평면도를 받아들고 조용히 한숨을 쉬었다. 베이커리 매장은 2층 구조였고, 계단이 중심을 가로지르고 있었다. 반죽을 준비하는 곳과 조리를 하는 곳이 물리적으로 나뉘어 있었지만, 실제로는 직원들이 그 사이를 오가며 재료와 도구를 넘나들고 있었다. '동선 분리'라는 단어는 이 공간 안에 존재하지 않았다. 해썹 기준에서 가장 중요하게 여기는 조건 중 하나는 재료의 흐름과 사람의 흐름이 겹치지 않아야 한다는 점이다. 하지만 이 매장은 처음부터 그 전제가 무너져 있었다.

대표님은 그간 수많은 컨설팅 업체와 연락을 주고받았다고 했다. 견적도 받았고, 제안서도 받았고, 심지어 인증 예상 일정표까지 받아본 상태였다. 그런데 그 많은 문서들 어디에도 '이 공간은 해썹 기준에 맞지 않는다'는 말은 없었다. 대신 모두가 이렇게 말했다고 했다. "서류만 잘 만들면 충분히 나옵니다." 나는 차마 말을 아끼지 못했다. "그건, 사실과 다릅니다. 이 공간은 설계부터 다시 짜야 합니다."

그녀는 아무 말이 없었다. 눈빛은 여전히 단단했지만, 짧은 숨 사이로 묻어나오는 낙담이 느껴졌다. 나는 침묵을 유지했다. 이런 상황에서 어떤 위로도 진심처럼 들리지 않는다는 걸 알고 있었기 때문이다. 하지만 그녀는 곧, 나를 다시 쳐다보며 말했다. "그럼요…, 어떤 기준으로 새 공간을 알아봐야 할까요?" 그 순간, 나는 그 말 한 줄이 얼마나 값진 것인지 알았다. 이건 실패의 문턱에서 멈춘 질문이 아니었다. 변화를 받아들이겠다는 의지의 시작이었다.

그날부터 우리는 다른 언어를 쓰기 시작했다. "이 벽은 위생전실을 기준으로 구분해야 합니다." "출입구가 2개 이상이어야 하고, 손 세정 시설은 제조 구역 시작 전에 배치돼야 합니다." "물품 이동은 직선 경로로 가능해야 하며, 직원 휴게 공간은 제조 구역과 완전히 분리되어야 합니다." 그녀는 하나하나 적어 내려갔고, 나는 실제 해썹 인증 설계 도면을 보여주며 '왜 이 구조가 필요한지'를 설명했다. 나는 느꼈다. 그녀는 단순히 컨설팅을 받는 고객이 아니라, 설계에 참여하는 주체로 변하고 있었다.

기존 공간과 비교하며, 우리는 가능한 예산 안에서 가장 이상적인 평면을 구성해 나갔다. 그녀는 그 과정에서 여러 번 말없이 고개를 끄덕였고, 때로는 직접 연필을 들고 구조를 스케치했다. 이 작은 베이커리의 사장님은, 이제 더 이상 '제품을 만드는 사람'이 아니었다. 그녀는 이제 '제조의 흐름'을 설계하고, '유통의 구조'를 이해하는 사람으로 변화하고 있었다.

나는 종종 사람들에게 말한다. 해썹은 인증이 아니다. 구조이며, 태도이며, 철학이다. 그녀는 그것을 말이 아닌 행동으로 증명하고 있었다. 내가 처음 그녀에게 "지금 매장은 어렵습니다"라고 말했을 때, 나조차 그 다음에 무슨 이야기가 나올지 예측하지 못했었다. 하지만 지금, 그녀는 이미 스스로 기준을 묻고, 기준을 설계하고, 기준을 넘고 있었다.

이제, 유통하는 사람입니다

한 달 반이 지났다. 계획표를 넘긴 건 수차례였고, 예상보다 많은 항목이 수정되었으며, 예상보다 더 많은 시간이 걸렸다. 그러나 그녀는 한 번도 불만을 내비치지 않았다. 검토해야 할 문서가 더 많아질수록, 준비해야 할 항목이 늘어날수록, 그녀는 오히려 점점 더 확신에 찬 눈빛으로 질문을 던졌다. 나는 그런 변화가 반가웠고, 그 반응이 신뢰로 느껴졌다. 이 일이 단지 인증 하나를 따기 위한 절차가 아니라, 스스로를 '유통 사업가'로 재정의하는 과정이 되고 있다는 사실을 그녀는 이미 알고 있었던 것이다.

그날은 화창한 오후였다. "선생님, 해썹 인증 통과됐어요. 이제 본격적으로 납품 준비 시작해요!" 그녀의 문자를 보는 순간, 나는 문장 속 느낌표보다 앞서 떠오른 단어가 하나 있었다. "이제." 이제라는 단어가 주는 의미는 단순히 어떤 결과를 넘어선다. 그건 시작점의 선언이고, 방향의 전환이다. 그녀는 '빵을 굽는 사람'에서 '식품을 유통하는 사람'으로 넘어왔다. 그것은 기술의 문제가 아니라 태도의 문제였다. 도장을 받는 것보다 훨씬 중요한, 마음을 설계하는 과정이 끝난 순간이었다.

그녀의 사례를 접하며 나는 다시 한 번 확신하게 되었다. 해썹은 결코 위생관리 인증이 아니다. 그것은 식품의 출발에서 도착까지, 전 과정을 타인의 기준으로 재구성해보는 경험이다. 무엇을 만들고 있는지가 아니라, 어떻게 만들어야 하는지를 묻는 질문이 해썹의 본질이다. 그녀는 그 질문을 회피하지 않았고, 가장 복잡하고 현실적인 방법으로 정면으로 답했다. 그 결과, 그녀는 해썹 인증을 '통과한' 것이 아니라, 해썹을 내면화한 사람이 되었다.

나는 자주 말한다. "해썹은 조건이 아니라 구조입니다." 그 말의 의미를 가장 먼저 체득한 사람은, 다름 아닌 그녀였다. 모든 자영업자에게 이 구조가 필요한 건 아닐지 모른다. 하지만 '유통'이라는 단어를 입에 올리는 순간, 당신은 더 이상 혼자 먹는 음식을 만들고 있는 게 아니다. 당신의 손을 거친 제품이 누군가의 식탁 위에 올라간다는 사실, 그리고 그 식탁을 안전하게 만드는 기준을 이해하고 있다는 것. 그것이 해썹이고, 그것이 사업가의 언어다.

컨설팅 회사에 맡기면 다 해준다고 믿던 사람에서, 기준을 이해하고 설계를 요구하는 사람으로 바뀌기까지. 그녀의 변화는 느리지만 단단했고, 결과보다 중요한 것은 과정이었다. 누군가에게 이 인증은 단지 스티커일 수 있다. 하지만 그녀에게 해썹은, 책임의 언어였다. 그리고 그 책임을 스스로 설계한 사람이 결국 더 멀리 간다는 사실을, 나는 오랫동안 잊지 않을 것이다.

> ### KEY POINT
>
> - HACCP 인증은 단순한 위생관리가 아닌 '식품 안전관리 인프라'를 의미한다. 즉석판매제조업과 식품제조가공업은 법적으로 완전히 다른 범주로, 유통을 위해서는 식품제조가공업 등록이 선행되어야 한다.
>
> - 식품 생산시설 설계 시 '공정흐름도(Process Flow)'가 핵심이다. 원자재 입고부터 완제품 출하까지 교차오염이 발생하지 않도록 일방향성을 확보하고, 작업자 동선과 물품 이동 경로가 분리되어야 한다
>
> - HACCP 인증 준비는 행정적 서류작업이 아닌 '시스템 구축' 과정이다. 표준작업지침서(SOP) 작성, 중요관리점(CCP) 설정, 모니터링 체계 구축 등 전 과정이 실제 운영과 연계되어야 진정한 인증 가치가 있다.

Quick Reference

내가 만든 게 아니어도,
내 이름으로 팔면 내 책임입니다

쇼핑몰 대표의 통관 실패기

그냥 팔았을 뿐인데, 세관에서 막혔습니다

전화기 너머의 목소리는 다급했다. "이게 의료기기인 줄도 모르고 그냥 올렸어요. 고객 주문은 이미 들어왔고, 정말 어떻게 해야 할지 모르겠습니다." 그는 온라인 쇼핑몰을 운영하던 한 대표였다. 최근 중국의 한 플랫폼에서 저렴한 휠체어를 소량 구매해 올린 뒤, 구매대행 형식으로 고객 주문을 처리하고 있었다. 평소와 다를 바 없는 일상이었고, 다른 제품들과 마찬가지로 물류 시스템에 올려 처리하면 된다고 생각했다. 하지만 그 물건이 인천 세관에서 멈췄다. 이유는 단 하나. '의료기기로 볼 수 있다'라는 이유였다. (어떤 품목명과 목적으로 통과 시키냐에 따라 달라질 수 있다.)

문제는 간단하지 않았다. 단지 통관이 보류되었다는 상황만으로도, 고객과의 신뢰는 흔들리기 시작했고, 이미 받은 결제는 환불 절차를 예고하고 있었으며, 무엇보다도 그는 이 모든 일이 자신이 몰랐다는 이유 하나로 벌어졌다는 사실에 크게 당황해 있었다. "전 그냥, 일반 제품처럼 올렸을 뿐인데요. 휠체어가 의료기기인가요?" 나는 조용히 대답했다. "네. 그리고 의료기기는 단순히 수입한다고 끝나는 제품이 아닙니다."

그의 사례는 전형적인 초기 사업자의 함정이었다. 이제 막 유통을 시작한 사람들에게, '허가'라는 단어는 뭔가 거창하고, 규제는 공장이나 대기업만의 이야기처럼 들린다. 하지만 의료기기라는 분야는 그 상식에서 예외였다. 이 분야는 제품의 기능이 아니라, '신체에 영향을 줄 수 있느냐'는 기준으로 전혀 다른 절차를 요구한다.

그의 혼란은 이해할 수 있었다. 하지만 그보다 더 중요한 건, 이 문제를 어떻게 풀어나가느냐였다. 나는 그날 저녁, 다시 그와 마주 앉아 조용히 말했다. "지금은 늦지 않았습니다. 하지만 이제부터는, 정확하게 시작해야 합니다."

내가 만든 게 아니어도, 내 이름으로 팔면 내 책임입니다

그는 며칠간 밤잠을 설치며 계속 같은 말을 반복했다. "제가 제조한 것도 아니고, 그냥 가져다 팔았을 뿐인데…. 이게 왜 제 책임이죠?" 나는 설명보다 질문을 먼저 건넸다. "휠체어에 적힌 제조자 이름은 누구로 되어 있었나요?" 그는 대답했다. "그건 중국 회사 이름이죠. 근데 제품 포장은 저희 회사 로고로 나갔어요."

나는 고개를 끄덕였다. "그게 바로 이유입니다. 누가 만들었든, 고객 눈에는 그 제품을 만든 회사가 '당신'이기 때문입니다."

의료기기 산업의 행정 시스템은 생각보다 정교하다. 먼저, 제품은 위험도에 따라 1등급부터 4등급까지 나뉜다. 허리 보호대나 마우스피스처럼 인체에 간접 작용하는 1등급 제품은 비교적 간단한 신고로 가능하지만, 체내 삽입형이나 생명유지와 관련된 4등급 제품은 별도의 심사기관 인증을 포함해 여러 단계의 검증을 거쳐야 한다. 하지만 모든 제품에는 공통된 원칙이 있었다. 제조하든, 수입하든, 판매하든, '내 이름'으로 시장에 나가는 순간 그 책임은 내 것이 된다.

이 말의 무게는 사업자를 처음 법적 주체로 자각하게 만든다. 그도 처음엔 단순히 '수입해서 파는 유통인'이라 생각했다. 그러나 그날 이후 그는 사업자등록증이 단지 납세용이 아니라, 책임의 출발점이라는 사실을 처음으로 깨달았다.

우리는 빠르게 대처에 들어갔다. 통관된 물품은 보류 상태였고, 그가 직접 관세청에 항의하거나 무리한 주장을 하면 상황은 더 나빠질 수 있었다. 그래서 나는 제안했다. "지금은 기다리되, 동시에 수입업 허가 신청을 진행하세요. 그리고 심사기관에 '수입 허가 절차 중'이라는 증빙을 요청해두세요. 심사관은 '법을 모르는 사람'보다 '법을 지키려는 사람'을 믿습니다."

또한, 제품에 대해 '샘플 수입'으로 입증 가능성을 확보하는 전략도 함께 세웠다. 수입량이 소량이라면, 판매 목적이 아닌 테스트 목적임을 강조하고, 그 증거를 제출해 잠정 통관을 시도할 수 있었기 때문이다.

며칠 후, 그는 수입업 허가를 접수했고, 제품이 샘플 용도라는 사실을 소명하는 자료도 정리했다. 마침내 세관은 최종 결정을 내렸다. 조건부 통관 허용. 그는 깊게 숨을 내쉬며 말했다. "앞으론 그냥 '잘 되겠지'라는 말로는 시작 안 할 겁니다."

허가 하나 차이로, 사업 전체가 멈출 수 있습니다

그의 문제가 일단락된 어느 날, 또 다른 문의가 들어왔다. 이번에는 기능성 패치를 수입하고자 하는 사업자였다. 그는 제품이 의료기기인지, 의약품인지 잘 모르겠다며 조언을 구했다. "이건 몸에 붙이는 거긴 한데, 의약품은 아니고…. 그냥 건강보조제 같은 개념이에요. 그래도 허가가 필요할까요?"

나는 그에게 제품 라벨과 설명서를 요청했고, 그 자료를 보는 순간 깨달았다. 이 제품은 단순한 보조제가 아니라, 특정 부위 통증 완화와 조직 회복을 명시한 내용이 있었다. 그 문구 하나만으로도, 이 제품은 '기능성'이 아닌 '치료 목적'으로 해석될 수 있었고, 그 말은 곧 의료기기 또는 의약품으로 간주될 가능성이 있다는 뜻이었다.

나는 말했다. "의료기기냐, 의약품이냐의 구분은 단순한 명칭이 아니라, 인증 주체가 달라지는 문제입니다." 실제로 의료기기는 식약처 산하의 '의료기기 인증기관'을 통해 품목 인증을 받지만, 의약품은 식약처 본청이 직접 심사하며 그 절차는 훨씬 더 까다롭고 긴 시간을 요구한다. 사업자가 이 구분을 정확히 하지 못하면, 인증기관을 잘못 선택하고 수개월을 허비하거나, 인증비용만 수백만 원을 낭비하는 경우가 빈번하다.

나는 그에게 단언했다. "사업은 언제나 정확한 분류에서 시작됩니다. 모른다는 이유로 통과되는 제도는 없습니다."

그는 이후 제품의 문구를 수정했고, 적합한 범주의 인증기관에 다시 신청했다. 그 일이 있고 나서 나는 의료기기 사업을 준비하는 이들에게 다음과 같이 말한다.

    사업은 기술이 아니라 책임으로 시작된다. 제품을 들여오는 순간부터, 그 물건이 '내 이름으로 시장에 나가는 모든 가능성'에 대해 내가 답할 수 있어야 한다. 그리고 그 답은 행정의 언어로 준비되어야 한다. 감각이 아닌 구분, 감정이 아닌 절차, 아이디어가 아닌 제도. 이것이 의료기기 시장에서 살아남는 유일한 언어다.

KEY POINT

- 의료기기는 제조·수입·판매 각 단계별로 별도 허가가 필요하다. 물품의 의료기기 해당 여부는 사업자의 주관적 판단이 아닌 '의료기기법 제2조'에 따른 법적 정의와 식약처 고시에 의해 결정된다. 어느 등급에 해당하는지 알 수 없는 경우 해당 판단에 대해 주무관청에 신청하여 판단 요청 가능하다.

- 의료기기 수입은 허가-통관-판매의 순서로 진행해야 한다. 허가 없이 통관된 제품은 '의료기기법 제26조 위반'으로 처벌 대상이 되며, 임시 통관 시에도 사전 수입업허가 신청 증빙이 있는 등의 증빙할 수 있는 자료를 구비하는 것이 좋다.

- 수입·판매업자도 제조업자와 동일한 법적 책임을 진다. 제품에 자사 로고만 부착해도 '의료기기법상 제조의뢰자'로 간주되어 안전성·유효성에 대한 모든 책임을 부담하게 된다.

Quick Reference

세브란스병원 의료기기 임상시험센터

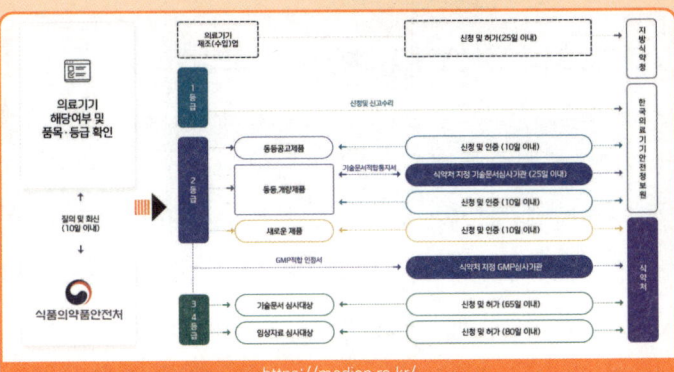

https://medion.re.kr/

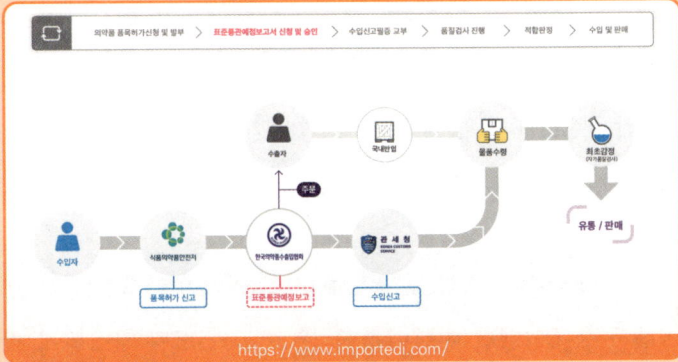

https://www.importedi.com/

정부는 '허가받은 사람'만 도와줍니다

여행업 등록은
신고가 아니라 전략이었다

외국인 창업자가 자격을 뚫고 전담 여행사업가가 되기까지

이제는 나도 한국에 관광객을 데려오고 싶어요

팬데믹이 끝난 그해 봄, 많은 업종이 고전하고 있던 와중에 유독 활기를 띤 분야가 있었다. 그것은 여행업이었다. 억눌렸던 사람들의 이동 욕구는 상상을 초월했고, 국내외를 막론하고 여행 수요는 가파르게 증가했다. 나 또한 그 시점에 수많은 여행업 창업자들을 만나야 했고, 그들 중에서도 유독 눈에 띄는 사람이 있었다. 중국에서 한국으로 온 조선족 출신의 한 여성 사업가였다. "이제는 제가 직접 중국에서 관광객을 유치하고, 한국에서 쇼핑과 병원 서비스를 한 번에 제공하는 여행사를 만들고 싶어요."

그녀의 말은 단순한 포부가 아니었다. 이미 중국 내 소규모 여행사를 운영했던 이력이 있었고, 한국의 병원 시스템에 대

한 이해도도 높았다. 게다가 언어 장벽이 없었기에 현지 고객과 한국 의료기관 간의 연결자 역할을 자처할 수 있는 조건도 충분히 갖추고 있었다. 계획은 명확했고 의지는 확고했다. 하지만 행정은 그런 열정을 기준으로 판단하지 않았다.

처음 한국에서 여행업을 등록하려던 그녀는 그저 일반 업종처럼 간단한 신고 절차를 밟으면 될 거라 생각했다. 그러나 현실은 훨씬 복잡했다. 여행업은 국내·국외·종합으로 분류되며, 각각의 등록 요건과 준비 서류가 엄격히 다르다. 특히 외국인이 대표자이거나 법인의 이사로 참여할 경우, 준비해야 할 서류는 몇 배로 늘어나고, 그 대부분은 본국에서 공증을 거쳐야 하는 것이었다. 하지만 그녀는 그 사실을 전혀 몰랐다. 한국에서 바로 등록 신청을 진행했고, 심사 과정에서 "중국 현지 공증이 누락된 서류는 인정할 수 없다"는 통보를 받았다.

그때부터 시간이 멈춘 듯한 나날이 시작됐다. 그녀는 당황했고, 서류를 다시 준비하려다 보니 무엇을 어디서 어떻게 받아야 하는지조차 막막해했다. 한 달 가까운 시간 동안 허가는 보류되었고, 한국에서 체류할 수 있는 시간까지 위태로워졌다. 그 순간, 나는 이 과정을 단순한 행정 절차로만 다루어서는 안 된다고 느꼈다. 그녀에게 필요한 것은 서류를 대신 준비해주는 누군가가 아니라, 절차를 함께 읽고 해석해줄 수 있는 길잡이였다.

문제가 드러난 건 단 하나의 문서 때문이었다. 중국 현지에서 발급받은 등기서류와 위임장은 번역도 되어 있었고, 서류상으로는 흠잡을 데 없어 보였다. 하지만 심사 담당자는 고개를 저으며 말했다. "중국 내 공증 절차를 거치지 않은 서류는 인정할 수 없습니다." 그녀는 그 말조차 이해하기 어려운 표정이었다. '공증'이라는 단어는 익숙했지만, '중국 내에서 공증을 받아야 한다'는 체계는 처음 듣는 이야기였기 때문이다.

나는 그 자리에서 서류 전체를 다시 검토했다. 그녀가 직접 준비한 문서 속에는 열정이 가득 담겨 있었지만, 제도는 열정을 기준 삼지 않았다. 여행업 등록은 관청의 '승인'이 아닌 '신고' 절차였고, 그 말은 곧 요건만 충족하면 누구나 등록할 수 있지만, 그 요건을 단 하나라도 충족하지 못하면 등록 자체가 반려되는 시스템이라는 뜻이었다. 특히 외국인이 대표로 참여하는 경우, 행정은 더 복잡하고 조밀해졌으며, 단 하나의 절차를 놓쳐도 사업은 첫 발조차 내딛지 못하게 설계되어 있었다.

그녀는 지쳐 있었다. "이걸 왜 처음부터 안 알려줬을까요?" 나는 조용히 말했다. "한국의 행정은, 순서를 알고 접근한 사람에게만 길을 엽니다."

그날부터 나는 그녀와 하나씩 재정비해 나갔다. 우선, 중국 내에서 어떤 기관을 통해 공증을 받아야 하는지부터 안내했고,

어떤 서류가 원본이고 어떤 서류는 번역 공증이 필요한지까지 체크했다. 무엇보다 중요한 건 시간이었다. 공증 서류의 샘플을 만들어 제공하고, 그녀가 직접 중국으로 가서 공증 기관을 방문해 도장을 받아오는 과정은 평균 2~3주가 소요됐다. 만약 그 과정을 처음부터 알았다면, 허가는 이미 나 있었을 것이다. 우리는 기다렸고, 동시에 다른 준비도 병행했다. 사업장 위치를 고정했고, 사업자등록의 업태와 종목을 수정했으며, 종합여행업에 필요한 보증보험과 금융확인서까지도 미리 확보해 놓았다. 단지 하나의 서류를 기다리는 동안, 나머지 모든 것을 완성시켜놓는 전략이었다.

드디어 마지막 서류가 도착했을 때, 그녀는 처음과는 다른 표정이었다. "이제는 모든 걸 알고 있는 느낌이에요." 나는 조용히 웃으며 서류를 한 번 더 검토했고, 모든 항목에 체크 표시가 들어간 것을 확인한 뒤 관청에 다시 신고서를 접수했다. 그리고 며칠 후, 여행업 등록 허가가 공식적으로 떨어졌다. 종합여행업이라는 이름으로, 그녀의 회사가 공식적으로 한국 정부의 여행업체 목록에 등록되었다는 뜻이었다. 그 순간, 그녀는 깊게 숨을 내쉬며 말했다. "이번엔 진짜 시작이네요. 드디어."

종합여행업 등록이 완료되었다는 소식은 단지 사업 개시의 의미만은 아니었다. 그것은 이제 대한민국 정부가 이 사람과 이 회사를 공식적인 여행 서비스 제공자로 인정했다는 뜻이기도 했다. 하지만 더 큰 기회는 그다음에 있었다. "중국 단체 관광객을 안정적으로 유치하려면, 중국 전담여행사로 지정받는 것이 유리합니다." 그녀는 또 한 번 낯선 제도의 이름 앞에 멈춰섰다.

중국 전담여행사는 단순한 명칭이 아니었다. 한국정부, 그중에서도 문화체육관광부와 지방자치단체가 엄격하게 심사하여 매년 갱신하는 공식 지정 제도였다. 이 지정이 없어도 중국 관광객을 유치할 수는 있지만, 지정을 받으면 여러 혜택과 함께 사업의 안정성을 확보할 수 있었다. 중국 단체 관광객의 비자 발급이 수월해지고, 정부의 관리와 지원을 받을 수 있으며, 무엇보다 한중 양국 정부의 협력 관계 속에서 사업을 운영할 수 있다는 신뢰도가 생긴다. 특히 중국 관광객들은 자국 정부와 연관된 여행사를 더 신뢰하는 경향이 있어, 전담여행사 지정은 마케팅 측면에서도 큰 이점이 되었다.

하지만 그 자격을 얻기 위한 심사 기준은 까다로웠다. 사업자등록증, 여행업 허가증은 기본이었고, 여기에 연 매출 계획, 고용 인력 현황, 실제 투입될 관광 프로그램의 상세 기획안, 숙박업체와의 MOU, 병원과의 제휴 증빙, 통역 인력의 자격 요건 등 거의 사업계획서를 넘어서는 수준의 입체적 설명력이 필요했다.

나는 그녀와 다시 마주 앉았다. "이번엔 우리가 준비한 게 더 많습니다. 중국 전담여행사로 지정받으면 사업이 훨씬 안정적으로 운영될 수 있어요." 그녀는 조용히 고개를 끄덕였다. 이미 지난달의 자신이 아님을 알고 있었고, 이번에는 머뭇거림 없이 준비를 시작했다.

모든 자료를 제출하고 심사를 기다리는 동안, 우리는 가능한 모든 상황을 가정해 시뮬레이션을 진행했다. 어떤 항목이 보완되더라도 당일 안에 보낼 수 있도록 백업 파일을 만들고, 증빙 서류는 원본과 스캔본, 요약본 세 가지 형태로 정리해두었다. 그녀는 이 과정을 통해 '사업가는 누군가의 질문에 답하는 사람이 아니라, 국가와 시장의 질문을 미리 읽는 사람'이라는 사실을 몸으로 익히고 있었다.

그리고 결국, 승인은 내려졌다. 그녀의 회사는 중국 전담여행사로 공식 지정되었고, 그날 이후 그녀는 완전히 다른 차원의 사업을 시작할 수 있었다. 중국 현지 파트너들이 정부 지정 여행사라는 신뢰를 기반으로 적극적으로 협력하기 시작했고, 한국 병원들과도 더욱 체계적인 연계 구조를 구축할 수 있었다. 단체 비자 발급의 편의성, 정부 차원의 홍보 지원, 안정적인 사업 운영 환경 - 이 모든 것이 전담여행사 지정과 함께 주어졌다. 쇼핑, 식당, 숙소, 이동 차량까지 하나의 관광 프로그램으로 묶인 의료+관광 복합 서비스는 그녀의 손에서 완성되었고, 불과 6개월도 되지 않아 첫 단체 관광객이 인천공항으로 입국했다. 그녀는 그 모습을 공항에서 직접 확인한 뒤, 나에게 사진 한 장을 보내왔다. 활짝 웃으며 관광객을 마중나간 자신의 모습이 담긴 사진이었다.

나는 그 사진을 오래 들여다보았다. 행정은 서류로 시작하지만, 결국 사람을 통해 완성된다는 진실을 그 사진이 말해주고 있었기 때문이다.

KEY POINT

- 외국인의 여행업 등록은 '관광진흥법 제4조'에 따른 신고와 더불어 '출입국관리법 제10조'의 체류자격 요건을 동시에 충족해야 한다. 특히 외국인 대표자의 서류는 반드시 본국에서 공증 절차를 거쳐야 유효하며, 출신 국가에 따라 요구되는 공증 형식이나 추가 서류가 상이할 수 있으므로 사전에 국가별 요건을 면밀히 확인하는 것이 중요하다.
- 종합여행업 등록 요건은 자본금, 보증보험, 영업장 면적 등 다양한 기준이 적용된다. '관광진흥법 시행령 제2조'에 따라 자본금 최소 5천만원, 보증보험 등의 조건을 모두 충족해야 한다.
- 중국 전담여행사 지정은 중국 단체 관광객 유치에 필수는 아니지만, 사업의 안정성과 신뢰도를 크게 높인다. '문화체육관광부 고시'에 따른 지정을 받으면 비자 발급 편의, 정부 지원, 한중 협력 관계 구축 등 다양한 혜택을 누릴 수 있다.

Quick Reference

한국여행업협회 https://kata.or.kr/

여행업 종류에 따른 자본금

여행업	자본금
국내 여행업 내국인 대상으로 국내 관광을 알선하는 여행업	1,500만원 이상
국내외 여행업 내국인 대상으로 국내외 관광을 알선하는 여행업	3,000만원 이상
종합 여행업 내외국인 대상으로 국내외 관광을 알선하는 여행업	5,000만원 이상

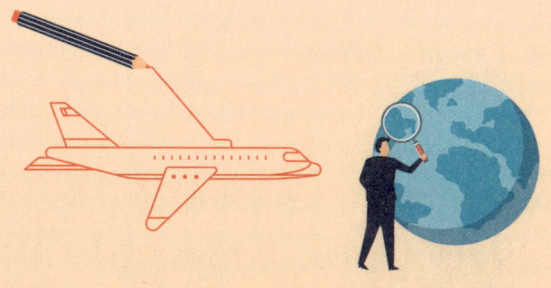

정부는 '허가받은 사람'만 도와줍니다

취미로 시작했는데,
사업이 되어버렸다

SNS 비즈니스의 허가부터 성장까지

**SNS에 릴스 몇 개 올렸을 뿐인데,
갑자기 사업자가 되어야 한다고요?**

나는 그녀의 당혹스러운 표정을 잊을 수 없다. 우리 강남 지역 내 아파트 엘리베이터에서 우연히 만났을 때였다. 평소 가끔 인사를 나누던 5층에 살던 L씨는 그날따라 유난히 고민이 깊어 보였다. "행정사님, 혹시 시간 되실 때 상담 좀 가능할까요? 갑자기 통장에 돈이 들어오기 시작했는데…. 제가 뭔가 문제가 생길까 봐서요." 내가 행정사라는 걸 알고 있던 그녀는 조심스럽게 물었고, 그 날 저녁 우리는 단지 내 카페에서 만났다.

그녀가 보여준 인스타그램과 틱톡 계정은 놀라웠다. 육아와 집안일 사이에서 취미로 시작한 핸드메이드 캔들 만들기 영상이 최근 몇 달 사이 폭발적인 인기를 얻고 있었다. 특히 그녀가 캔들에 색을 입히는 과정을 60초로 압축한 릴스가 바이럴 히트를 치면서 팔로워가 무려 3만 명을 넘어섰다.

"처음엔 정말 심심해서 시작했어요. 아이가 유치원 가고 나면 혼자 있는 시간이 많아서…." 그녀는 강남 지역 아파트의 서재를 작은 공방으로 개조해 작업했고, 창밖으로 보이는 고층 빌딩을 배경으로 촬영한 영상이 '도시 속 작은 힐링'이라는 콘셉트로 인기를 끌었다. 특히 '강남 엄마의 은밀한 취미생활'이라는 해시태그가 묘하게 사람들의 호기심을 자극했다고 했다.

"문제는 이거예요." 그녀가 보여준 계좌 내역에는 지난 달 입금액이 650만원에 달했다. 인스타그램 DM으로 주문이 폭주했고, 그녀는 아무런 사업자 등록 없이 개인 계좌로 돈을 받고 있었다. 게다가 최근에는 대형 편집숍에서 입점 제안까지 받은 상태였다. "이제 취미가 아니라 사업이 되어버린 것 같은데…. 어떻게 해야 할지 모르겠어요. 세금 문제도 걱정되고…." 나는 잠시 생각에 잠겼다. 내 앞에 있는 건 단순한 '불법 영업자'가 아니었다. 자신의 재능으로 우연히 성공을 맛보게 된 한 여성이었고, 이제 그 성공을 합법적으로 이어가기 위한 안내가 필요했다.

"L씨, 먼저 축하드립니다. 많은 사람들이 SNS에서 인정받길 원하는데, 그게 쉽지 않거든요. 하지만 이제는 취미를 넘어 진짜 비즈니스로 접근할 때가 왔네요." 나는 그녀의 인스타그램과 틱톡 계정을 자세히 살펴보았다. 댓글에는 "향이 어떤가요?", "배송은 얼마나 걸리나요?", "해외 배송도 되나요?" 같은 질문들이 가득했다. 이미 그녀의 팔로워들은 그녀를 '셀러'로 인식하고 있었다. "가장 먼저 개인사업자 등록부터 시작해야 합니다. 그리고 통신판매업 신고도 필요해요. 사실 법적으로는 이 두 가지만 해결해도 당장의 판매는 가능합니다."

하지만 나는 여기서 그치지 않고, 그녀의 사업이 한 단계 더 성장하기 위한 전략적 조언을 이어갔다. "그런데 L씨의 경우, 단순히 '합법화'보다 '브랜드화'를 생각해볼 때예요. 이 정도 팔로워라면 제대로 된 브랜드로 발전시킬 가능성이 충분합니다." 그녀의 눈이 커졌다. "브랜드요? 저같은 사람이 브랜드를 만들 수 있을까요?"

"물론이죠. 지금 시대는 대기업보다 진정성 있는 1인 브랜드가 더 경쟁력을 갖는 경우가 많아요. 특히 SNS에서 이미 팬층이 형성되어 있다면요."

다음 날부터 우리는 체계적인 계획을 세웠다. 먼저 강남세무서를 방문해 개인사업자 등록을 진행했다. 업종 선택에서 나는 그녀에게 특별한 조언을 했다. "소매업만 등록할 수도 있지만, 앞으로 워크샵이나 클래스를 열 가능성을 고려해서 '기타 교육 서비스업'도 함께 등록하는 게 좋겠어요. 그리고 인스타그램에서 수익이 발생하는 만큼 '인플루언서 활동'도 추가하는 게 좋겠네요."

그녀는 놀랍게도 모든 절차에 빠르게 적응했다. 개인사업자 등록증을 손에 쥐는 순간, 그녀의 얼굴에서 자부심이 느껴졌다. "이제 정말 제 사업을 하는 것 같아요!"

다음은 통신판매업 신고였다. 강남구청을 방문하기 전, 나는 그녀의 인스타그램 계정을 살펴보며 몇 가지 수정사항을 제안했다. "L씨, 계정 소개란에 '주문은 DM으로'라고 되어 있는데, 통신판매업 신고가 완료되면 이 부분을 '사업자 정보'로 수정해야 합니다. 소비자보호를 위한 법적 의무사항이에요." 또한 캔들이라는 제품 특성상 화재 위험이 있어 제품 안전 규제도 확인했다. 그녀가 사용하는 원료와 심지 종류, 용기 재질까지 꼼꼼히 체크하고 필요한 주의사항을 제품 레이블에 추가했다. "이런 안전 정보가 오히려 제품의 신뢰도를 높여줄 거예요. 요즘 소비자들은 안전에 굉장히 민감하거든요."

그러나 가장 중요한 변화는 그녀의 마인드셋이었다. 나는 그녀에게 단순히 '취미가 돈이 되는 상황'이 아니라 '진정한 사업가가 되는 과정'임을 강조했다. "L씨, SNS 인플루언서로서의 영향력과 제품 판매자로서의 책임 사이에서 균형을 찾는 게 중요해요. 이제 팔로워들은 단순한 '시청자'가 아닌 '고객'이 되었으니까요." 나의 조언에 따라 그녀는 고객 관리와 배송 추적, 환불 정책까지 체계화하기 시작했다. 특히 인스타그램 '하이라이트' 기능을 활용해 FAQ와 주문 방법, 배송 안내 등을 구분해 정리했다.

가장 극적인 변화는 3개월 후에 찾아왔다. 그녀의 제품이 유명 백화점 팝업 스토어에 입점하게 된 것이다. 합법적인 사업자 등록과 제품 안전성 인증이 있었기에 가능한 일이었다. "행정사님, 믿어지세요? 제가 만든 캔들이 백화점에 팝업 스토어에 진열된다니…." 그녀의 인스타그램은 이제 팔로워가 계속 늘어나고 있었고, 릴스 하나가 수십만 뷰를 기록하기도 했다. '강남맘의 캔들 일기'라는 콘텐츠 시리즈는 틱톡과 유튜브 쇼츠에서도 인기를 끌었다.

성장에 따른 새로운 과제도 생겼다. 주문량이 늘어나면서 집에서의 생산으로는 한계가 왔고, 인건비와 공간 문제도 발생했다. 그때 나는 그녀에게 소상공인 지원 프로그램을 소개했다. "서울시 '혁신형 소상공인 육성 사업'에 지원해보는 게 어떨까요? SNS를 활용한 성공 사례로 충분히 선정 가능성이 있어요."

그녀는 나의 도움으로 지원서를 작성했고, 놀랍게도 1차 서류 심사를 통과했다. 발표 평가를 앞두고 우리는 함께 프레젠테이션을 준비했다. "숫자로 보여주세요. 팔로워 수, 평균 주문량, 매출 증가율…. 심사위원들은 구체적인 성과와 앞으로의 가능성을 보고 싶어합니다."

최종 선정 결과는 성공적이었다. 그녀는 창업 공간 지원과 함께 5천만원의 사업화 자금을 지원받게 되었다. 이제 강남역 인근에 작은 공방 겸 오프라인 매장을 열 계획이다.

지난 1년간 그녀를 지켜보며, 나는 새삼 SNS의 힘과 1인 창업의 가능성을 실감했다. 단순한 취미 영상으로 시작해 합법적인 비즈니스로 성장한 과정이 놀라웠다. "행정사님, 처음엔 법적인 절차들이 너무 복잡하고 귀찮게만 느껴졌어요. 그냥 몰래 계속 팔면 안 될까 생각했죠. 하지만 지금 와서 보니, 이 모든 과정이 제 사업을 단단하게 만드는 기초였네요." 그녀의 말에 나는 미소 지었다. "정부는 열정과 능력 있는 사업가를 막지 않아요. 오히려 준비된 사람에게는 더 많은 기회의 문을 열어주죠. L씨가 바로 그 증거입니다."

강남의 한 아파트에서 취미로 시작된 캔들 제작이 이제는 백화점에 입점한 브랜드가 되었다. 그리고 그 과정에서 가장 중요했던 건, 성장에 맞춰 적절한 시기에 적합한 허가와 등록을 갖추는 것이었다.

나는 종종 미디어에서 '규제 때문에 창업이 어렵다'는 이야기를 듣는다. 하지만 L씨의 사례는 그 반대를 보여준다. 규제는 장벽이 아니라 사업의 단계를 구분하는 이정표였고, 준비된 사람에게는 오히려 경쟁력이 되었다.

오늘도 나는 그녀의 인스타그램을 통해 새로운 소식을 접했다. "캔들 클래스 오픈!" 취미가 직업이 되고, 직업이 사업이 되어가는 여정을 지켜보는 것은 행정사로서 가장 뿌듯한 순간 중 하나다.

KEY POINT

- SNS의 인기가 실제 매출로 이어질 때, 합법적 사업 전환은 선택이 아닌 필수다. 규모와 상관없이 수익이 발생하면 적절한 사업자 등록과 허가가 필요하다.
- 온라인에서 시작된 비즈니스도 통신판매업 신고, 제품 안전 규제, 소비자 보호 정책 등 오프라인과 동일한 법적 책임이 따른다.
- 정부의 규제를 피하는 것이 아니라 이해하고 준수하는 사람에게 더 많은 성장 기회(지원사업, 공식 유통채널 입점 등)가 주어진다.

Quick Reference

시험 검사 (KCL)

Step1 확인신청서 작성 (신고인)
- 신청서류 제출
- 시료 제출(동일한 완제품 4개)

Step2 접수
- 접수증(수수료 내역) 발송
- 수수료 납부 후 시험 진행

Step3 시험·검사
- working day 15일 소요

Step4 확인결과서 발급
- E-mail·우편·방문 수령

↓ 30일 이내 *근무일(working day) 기준

신고 (한국환경산업기술원)

Step1 신고서 작성 (신고인)
- 확인결과서 등 신청서류 제출

Step2 접수
- 온라인 접수 등

Step3 신고내용 확인
- 신청서류 검토

Step4 신고증명서 발급
- 접수 후 30일 이내 발급

KCL 홈페이지 https://www.kcl.re.kr/

정부는 '허가받은 사람'만 도와줍니다

땅도 술도,
결국 법과 구조로 사업이 된다

제도 안에 있어야 유통이 됩니다

그냥 막걸리 좀 만들었을 뿐인데…

그 부부는 눈에 띄게 젊었다. 경기도 외곽, 주말마다 사람들로 북적이는 작은 막걸리 공방을 운영하고 있었고, SNS에서 맛 좋다는 입소문도 이미 퍼져 있었다. 동네 주민들은 물론 관광객들까지 찾아와 한 병 두 병 사 가는 모습이 일상이었고, 외형만 보면 사업은 이미 자리를 잡은 듯 보였다. 하지만 그날, 그들이 내게 찾아온 이유는 전혀 달랐다. "이거… 계속 만들면 안 되는 거래요. 불법이래요." 그녀의 말은 무겁지 않았지만, 그 안에는 무지에 대한 불안감과 이제 와서 멈추기엔 너무 멀리 왔다는 당혹감이 함께 얽혀 있었다.

그들은 단지 맛있는 막걸리를 만들고 싶었을 뿐이었다. 좋은 쌀, 오래된 누룩, 그리고 지역 주민들과의 신뢰. 그 모든 것을 갖췄다고 믿었다. 하지만 하나가 없었다. 바로 주류 제조면허. 이 면허 없이는 어떤 술도 공식적으로 제조할 수 없으며, 판매는 말할 것도 없었다.

전통주. 그들은 어렴풋이 알고 있었다. '전통주니까 특별한 혜택이 있지 않을까?' 그러나 현실은 달랐다. 그들이 만드는 막걸리는 소규모 주류 제조면허로도 가능한 종류였다.

나는 그들에게 질문을 던졌다. "지금 만드시는 막걸리, 지역 특산물을 활용한 전통주로 발전시킬 생각은 없으신가요?" 남편이 고개를 갸웃하며 대답했다. "그냥 개인 사업자로 소규모로 했어요. 공방 느낌으로 시작했으니까요." 나는 잠시 고민하다가 말했다. "만약 지역 특산주로 전환하신다면, 농업회사법인을 설립하는 게 유리할 수 있어요. 더 많은 혜택과 지원을 받을 수 있거든요."

그들은 순간 멈칫했지만, 금방 물었다. "지역 특산주라고요? 그게 뭐가 다른가요?" 나는 천천히 설명했다. "주류 제조면허는 크게 일반, 소규모, 전통주로 나뉩니다. 일반 막걸리는 소규모 주류 제조면허로도 가능하지만, 만약 지역 농산물을 주원료로 사용하고 도지사 추천을 받는 지역 특산주로 전환하면, 농업법인을 통해 더 많은 혜택을 받을 수 있습니다."

그들의 표정이 바뀌기 시작했다. 나는 구체적인 설명을 덧붙였다. 지역 특산주로 인정받으면 농업법인 설립 시 등록면허세가 면제되고, 법인 설립 2년 내에 부동산을 취득하면 취득세도 감면되며, 무엇보다 지자체의 지원과 홍보 혜택을 받을 수 있다는 점까지. 그제서야 그들은 비로소 이해하기 시작했다. 지금까지의 고민은 단순히 면허의 문제가 아니라 '어떤 길을 선택할 것인가'의 문제였다는 것을.

며칠 후, 나는 다시 그들을 만났다. 그들은 두 가지 선택지를 놓고 고민하고 있었다. 하나는 현재처럼 소규모 주류 제조 면허를 취득해 안정적으로 운영하는 것, 다른 하나는 농업법인을 설립하고 지역 특산주로 도약하는 것. 그들은 결국 후자를 선택했다. "우리가 만들고 싶은 건 단순한 술이 아니라, 지역을 대표하는 전통주였구나." 그들이 그날 처음으로 그렇게 말했을 때, 나는 이 부부가 이제 진짜 출발선에 섰다는 확신이 들었다.

이 땅, 그냥 놀리는 수밖에 없는 줄 알았어요

그는 처음엔 망설였다. 서울 근교에 임야를 갖고 있었지만, 별다른 계획 없이 방치된 지 오래였다. 처음 그 땅을 살 땐 언젠가 펜션을 지어보자는 막연한 생각이었고, 시간이 흐르며 어느새 '어디서도 쓰이지 못하는 자산'처럼 여겨지고 있었다. 그러다 지인의 권유로 내게 상담을 요청했고, 첫 만남에서 그는 다소 무기력하게 말했다. "그냥 세금만 나가고 있어서요. 개발도 안 되고, 팔기도 애매하고…. 솔직히 놓고 싶은 땅이에요."

나는 조용히 지도를 펼치고, 토지이용계획 확인원을 꺼냈다. 잠시 후, 나는 말했다. "이 땅, 준보전산지입니다." 그의 표정은 처음엔 이해하지 못한 듯했다. 그래서 나는 다시 말했다. "보전산지는 많은 제한 행위가 따르지만 일부 이용도 가능합니다. 하지만 준보전산지면, 훨씬 더 다양한 개발이 가능해요. 땅의 면적과 입지에 따라 캠핑장, 체험농장, 휴게음식점, 경우에 따라서는 숙박시설까지도 가능합니다."

그 순간, 그의 눈빛이 처음으로 바뀌었다. 그 땅은 여전히 울창한 나무로 덮여 있었고, 인근에는 소규모 도로도 지나가고 있었으며, 무엇보다 서울에서 1시간 거리라는 입지는 나쁘지 않았다. 그는 곧바로 말했다. "그럼, 구체적으로 어떤 사업이 가능한지 알아볼 수 있을까요?"

나는 토지이용계획을 다시 확인하며 설명했다. 준보전산지라도 면적과 지목, 도시계획 조건에 따라 가능한 사업이 달라진다. 특히 이 땅은 적절한 면적과 입지를 갖추고 있어 산림복합휴양단지나 관광농원 조성이 가능해 보였다. 더 중요한 것은, 개발 과정에서 일부를 대지로 전환하게 되면 토지 가치가 크게 상승할 수 있다는 점이었다.

    그래서 우리는 함께 설계를 시작했다. 야영장과 카페, 체험형 농장, 야외공연장, 휴식 공간까지 포함된 복합시설을 기본 틀로 삼고, 이를 지자체 관광정책과 맞물리게 구성했다. 주요 타깃은 서울 근교의 가족 단위 체험객, 운영 방향은 지역 농산물과 연계한 F&B 운영, 그리고 전체 사업 취지를 '지역 산림의 지속가능한 활용'에 초점을 맞췄다.

    지자체는 처음부터 긍정적이었다. 요건만 맞으면, 이런 사업을 반길 수밖에 없는 배경이 있었다. 그 지역은 오랫동안 관광객 유치에 어려움을 겪었고, 동시에 산림 관리 인력의 부족 문제를 안고 있었기 때문이다. 그의 사업은 관광과 보존이라는 두 축을 동시에 충족시킬 수 있는 '근거 있는 기획'이었고, 무엇보다 허가를 이끌어낼 수 있는 서류의 언어로 구조화되어 있었다.

    몇 달 후, 그는 허가를 받았다. 초기 시설 구축엔 정부의 산림 지원 예산이 일부 반영되었고, 지역 농업법인과의 협업도 시작되었다. 개발 과정에서 일부 부지가 대지로 전환되면서 토지 가치도 상승했다. 그는 내게 문자를 보냈다. "이제, 그 땅이 '무의미한 자산'이 아니라, 사람들이 웃고 쉬는 공간이 되었어요. 그리고 투자한 만큼 땅값도 올라서 자산 가치도 높아졌습니다."

그 문장을 읽는 순간, 나는 확신했다. 그는 땅을 개발한 것이 아니라, 땅의 가능성을 실현한 것이다.

막걸리를 빚던 부부와 임야를 가진 사업가. 둘 다 시작은 전혀 달랐지만, 결국 같은 질문 앞에 서게 되었다. "이 일을 내가 정말 '합법적으로, 구조적으로' 이어갈 수 있을까?" 그리고 두 사람 모두, 그 답을 '적절한 면허 선택'과 '땅의 활용 가능성'에서 찾게 되었다.

전통주는 종류에 따라 다른 접근이 필요하다. 단순 막걸리는 소규모 주류 제조면허로도 가능하지만, 지역 특산주로 발전시키면 농업법인을 통해 더 많은 혜택을 받을 수 있다. 중요한 것은 자신의 상황과 목표에 맞는 선택을 하는 것이다.

임야 역시 마찬가지였다. 보전산지든 준보전산지든 각각의 가능성이 있으며, 그 차이를 정확히 아는 사람만이 최적의 개발 계획을 세울 수 있다. 특히 개발 과정에서 토지 용도가 변경되면 자산 가치가 크게 상승할 수 있다는 점도 중요한 고려사항이다.

나는 종종 창업 상담자에게 묻는다. "지금 하려는 일이 제도 안에서 어떤 위치에 있는지 아시나요?" 그 질문에 바로 답하는 사람은 드물다. 대부분은 아이템을 말하고, 콘텐츠를 자랑하고, 사람들의 반응을 이야기한다. 하지만 성공은 콘텐츠가 아니라 구조에서 출발한다. 특히 농업이나 산림처럼 제도와 규제가 깊이 얽힌 분야에선 더욱 그렇다.

그 부부는 지금 지역 농산물을 기반으로 다양한 전통주를 개발하고 있다. 지역 특산주 인증을 받아 관광객을 위한 체험 패키지와 연계된 판매 채널도 갖추었고, 농업법인을 기반으로 각종 세제 혜택도 적용받았다.

그 사업가는 캠핑 시즌마다 예약이 꽉 찬 야영장과, 주말마다 운영되는 산림체험 프로그램으로 안정적인 수익을 올리고 있다. 개발 과정에서 상승한 토지 가치는 덤이었다. 둘 다 특출난 자본이 있었던 것도, 대단한 배경이 있었던 것도 아니다. 그들은 단지, 자신의 일을 '법과 구조'의 언어로 정확히 이해하고 활용할 수 있었던 사람들이었다.

KEY POINT

- 주류제조업은 종류에 따라 다른 면허가 필요하다. '주세법 제6조'에 따라 일반, 소규모, 전통주 면허로 구분되며, 막걸리 같은 탁주는 소규모 주류 제조면허로도 가능하다. 단, 지역 특산주로 전환 시 농업법인 설립이 유리하다.

- 전통주는 민속주와 지역 특산주로 구분된다. 지역 특산주는 농업인이나 농업법인이 지역 농산물을 주원료로 사용하고 도지사 추천을 받아 제조하는 주류로, 농업법인 설립 시 세제 혜택 등 다양한 지원을 받을 수 있다.

- 농업회사법인은 전통주 사업에 유리한 선택지다. 등록면허세 면제, 취득세 감면 등 세무상 혜택과 함께 지자체 지원을 받을 수 있으며, 1인의 농업인과 최소 자본금 1천만원으로 설립 가능하다.(주류제조면허의 경우 자본금 요건이 상이하므로 면허 종류에 따라 확인 후 자본금 요건에 부합하여야 한다.)

- 임야의 개발 가능성은 '산지관리법 제4조'에 따른 용도구분이 결정한다. 보전산지도 일부 이용이 가능하나 많은 제한이 따르며, 준보전산지는 산지전용허가를 통해 더 다양한 개발이 가능하다. 면적과 입지에 따라 가능한 사업이 달라진다.

- 산지 개발 시 토지 용도 변경의 경제적 효과도 고려해야 한다. 개발 과정에서 임야를 대지로 전환하면 토지 가치가 크게 상승할 수 있으며, 이는 투자 대비 추가적인 자산 가치 상승 효과를 가져온다.

Quick Reference

전통주 제조면허 추천서 취득
(전통주제조자에 한함)
- 지자체로부터 전통주 추천서* 취득
  (추천서 유효기간 : 6개월)
  *추천서에는 주류의 종류 및 추천원료가 명확히 기입되어 있어야 함

주류 제조면허 신청
- 관할 세무서에 주류 제조면허신청서 및 구비서류 제출
  (신청서 처리기간 : 40일)

시설조건부 면허 취득
- 1년 이내 착수, 3년 이내 완공조건의 시설조건부 면허
  (소규모 주류는 6개월 이내 착수, 1년 이내 완공조건)

공사 착수 및 완공 신고
- 제조시설 공사 착수 시 관할 세무서에 신고
- 제조시설 공사 완료 후 관할 세무서에 제조설비 신고서와 용기검정 신청서 제출

시설점검 및 용기검정
- 관할 세무서에서 제조장을 현장 방문하여 시설기준에 적합여부 확인 및 용기검정 실시

제조면허 취득
- 관할 세무서에서 제조면허증 발급
  (사업범위 및 준수조건 등의 부관 지정사항 확인)
  ※ 도시철도채권(45만원) 또는 국민주택채(30만원 구입)

Quick Reference

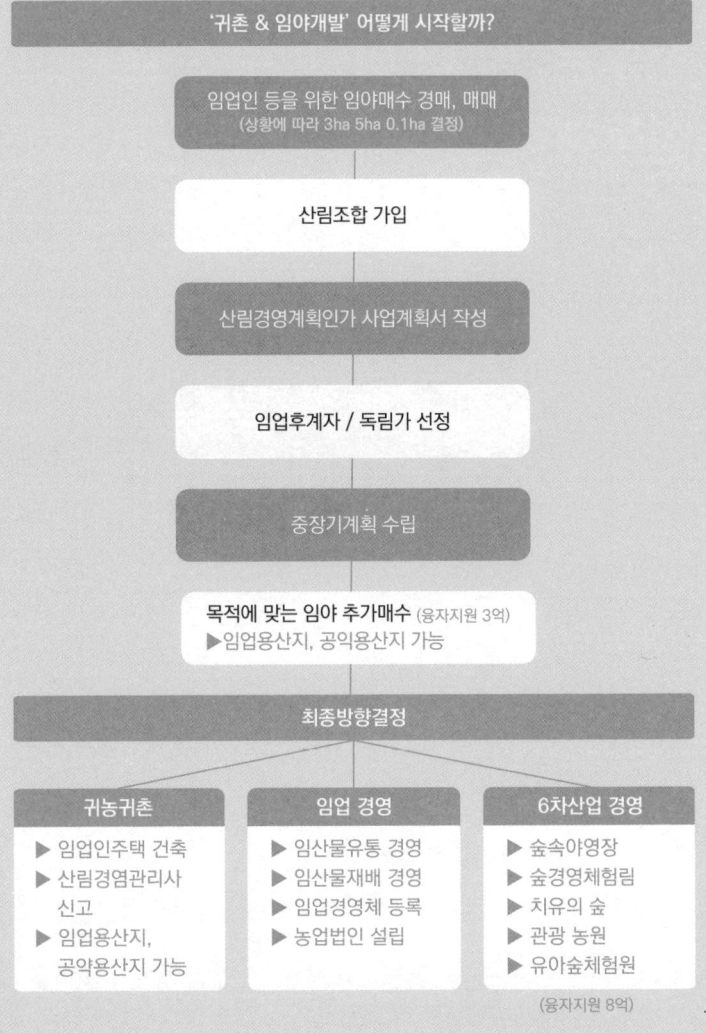

정부는 '허가받은 사람'만 도와줍니다

Chapter

정부는 '말'이 아닌 '구조'로
설득해야 합니다

1 사람은 진심이면 되지만, 결혼비자는 그렇지 않다 ——— 106
　결혼과 비자 사이, 가장 복잡한 구조의 이야기

2 직원 한 명 뽑으려다 회사가 바뀌었다 ——— 113
　E-7 비자 설계가 고용구조까지 바꾼 사례

3 1억 투자보다 중요한 건, 왜 해야 하나는 질문 ——— 122
　D-8 비자를 결정 지은 단 하나의 핵심 문장

4 국적 바꿨더니 아무것도 못했다 ——— 130
　국적 회복 절차를 몰라 일상까지 막힌 사람의 반전

5 여성 대표님이라고 무조건 여성기업은 아닙니다 ——— 139
　여성기업 인증 자주 탈락하는 이유

3

사람은 진심이면 되지만, 결혼비자는 그렇지 않다

결혼과 비자 사이, 가장 복잡한 구조의 이야기

사랑은 준비가 필요 없지만, 결혼비자는 다르다

"결혼했어요. 이제 아내만 한국으로 데려오면 끝이죠." 그가 처음 상담실 문을 두드렸을 때, 얼굴엔 설렘과 약간의 자부심이 섞여 있었다. 터키에서 만난 여성과의 운명 같은 만남, 빠르게 이어진 결혼 결심, 그리고 한국에 돌아와 마친 혼인신고까지…. 그는 이제 단지 '결혼비자(F-6)'라는 마지막 관문만 통과하면 된다고 생각했다.

나는 잠시 그를 바라보다가, 조용히 물었다. "혹시 혼인경위서는 준비하셨나요?" 그는 고개를 갸웃했다. "경위서요? 그게 뭐죠? 이미 혼인신고도 끝났는데…. 왜 그런 걸 또 써야 하죠?"

그 순간 나는 알 수 있었다. 그가 지금 선 자리와, 그가 도

달하려는 현실 사이에는 상상보다 훨씬 높은 행정의 벽이 있다는 것을. 결혼은 마음으로 하는 것이지만, 비자는 문서로 증명해야 한다.

결혼비자(F-6)는 단순한 '혼인 유무'를 넘어서, 그 관계의 진정성과 지속 가능성을 입증하는 절차다. 혼인경위서를 요구받는 이유는 단 하나다. 한국의 법무부는 이제 '사랑'보다 '위장결혼'을 더 많이 본다는 것이다. 이 제도는 감정이 아니라, 의심에서 출발한다.

나는 차분히 말했다. "두 분이 어떻게 처음 만났고, 어떤 방식으로 사랑을 쌓아왔고, 어떤 이유로 결혼을 결심하게 되었는지를 '육하원칙'에 따라 구체적으로 써주셔야 합니다. 가능하면 사진, 기념일 메모, 부모님과 만난 기록도 함께 첨부하시는 게 좋고요." 그는 당황했다. "그걸 말로… 아니, 글로 다 써야 하나요?"

그의 당혹은 정당했다. 그는 사랑했고, 결혼했고, 그 사실 하나로 충분하다고 믿었으니까. 하지만 결혼비자 앞에서는, '사실'보다 '설명 가능한 구조'가 우선이었다. 나는 그에게 설명했다. "지금부터 당신이 해야 할 일은, 당신의 사랑을 국가가 납득할 수 있는 형태로 '번역'하는 일입니다."

며칠 뒤, 그는 혼인경위서 초안을 들고 다시 나타났다. 단정하게 정리된 A4 두 장. '2019년 6월, 터키 이스탄불에서 처음 만났고….'로 시작하는 글에는 둘만의 추억이 담겨 있었지만, 나는 그 문장을 읽으며 안타까움을 느꼈다. 그 글에는 감정은 있었지만, '국가가 요구하는 구조'는 없었다.

"대표님, 진심이 느껴지는 글입니다. 그런데 이건 '편지'에 가깝습니다. 혼인경위서는 소설이 아니라, 논리적 타당성이 입증된 보고서여야 합니다." 그는 멍하니 나를 바라봤다. 그 표정엔 슬픔보다, 국가가 자신의 관계를 의심하고 있다는 데 대한 섭섭함이 더 크게 깔려 있었다.

"그럼 어떻게 써야 하죠? 우리가 함께 찍은 사진도, 여행 일정표도, 심지어 SNS 메시지도 있는데…. 이게 왜 '사랑이 아니다'처럼 보일 수 있다는 건가요?"

나는 천천히 말했다. "사랑을 의심하는 게 아니라, '제도에 의해 필터링되는 사랑의 형식'을 요구받는 거예요. 위장결혼이라는 전례가 너무 많기 때문에, 국가는 이제 감정보다 '서류의 정합성'과 '생활의 설계'로 판단합니다."

그는 경위서를 다시 썼다. 처음 만난 장소, 양가 부모의 인사 시기, 결혼 전 거주지 변화, 상호 언어 소통 방식, 향후 한국

내 생활계획, 거주지 계약 구조…. 한 문장 한 문장이 그의 기억 속에서 다시 구조로 정리되었고, 그의 사랑은 점점 '국가가 이해할 수 있는 형식'으로 번역되기 시작했다.

하지만 더 큰 장벽은 따로 있었다. 재정능력 증명. 그의 월급은 그리 높지 않았고, 아내를 초청한 뒤엔 2인 생활이 시작될 터였다. 보증금과 월세, 생활비, 입국 후의 안정성까지 평가 항목에 들어가는 현실 앞에서 그는 다시 한 번 물었다. "사랑 하나로는 안 되는 건가요?" 나는 고개를 끄덕일 수 없었다. "결혼비자는 '동거 허가'가 아닙니다. '한국 사회에 함께 살아갈 수 있는 사람'이라는 걸 국가가 신뢰할 수 있어야 합니다."

그의 눈빛이 처음보다 많이 낮아져 있었다. 하지만 그는 포기하지 않았다. 가족에게 보증서류를 요청했고, 소득증명서를 보완했으며, 건강보험가입 확인서와 주거 계약서를 정리했다. 그리고 다시, 서류 한 뭉치를 안고 사무실로 돌아왔다. 그가 내민 것은, 단지 결혼비자 신청서류가 아니라 국가를 향해 '이 사랑이 충분히 책임질 수 있는 삶의 설계임'을 증명하는 결의서였다.

결혼비자 승인 통보는 그렇게 조용히 왔다. 법무부 출입국 심사과에서 온 한 통의 문자. "F-6 비자 발급 심사 완료, 승인되었습니다." 그는 한참을 그 문장을 바라보다가, 조용히 숨을 내쉬었다. 기쁨보다는 낯선 해방감. 사랑이 아니라, '사랑의 구조'가 드디어 받아들여졌다는 감각.

그날 그는 아내와 영상통화를 했다. "됐어. 드디어…. 이제 올 수 있어." 화면 속 아내는 울었고, 그는 말없이 고개만 끄덕였다. 그들의 관계는 처음부터 진짜였다. 하지만 그 진짜는, 시스템 안에서는 너무도 쉽게 의심받을 수 있는 형태였다.

그가 증명한 건 감정이 아니었다. 생활이었고, 계획이었고, 책임이었다. 며칠 뒤, 그는 공항으로 마중을 나갔다. 도착 게이트에서 아내를 처음으로 한국 땅 위에서 끌어안은 그 순간, 그는 아주 작게 속삭였다. "이젠 정말, 가족이야."

아내와 함께하는 첫 달은 어수선했지만 단단했다. 한국어 수업 등록, 병원 가입, 생활비 관리, 비자 연장 준비. 그는 더 이상 사랑만 이야기하지 않았다. 이제는 어떤 제도 안에서 두 사람이 어떻게 '함께 살 수 있는가'를 더 많이 말하는 사람이 되어 있었다.

그리고 어느 날, 그는 이런 말을 했다. "처음엔 왜 이렇게까지 복잡해야 하나 싶었어요. 근데 지금 생각해보면, 그 과정을 거치면서 내가 이 사람을 진짜로 책임지는 연습을 한 것 같아요. 그게 비자의 핵심이었겠죠. 결혼을 '입증'한 게 아니라, '살아낼 수 있는 시스템'이 있는지를 보여준 거니까요."

나는 조용히 고개를 끄덕였다. 그는 사랑을 말했지만, 국가는 그 말보다 더 많은 것을 요구했다. 그리고 그는 그 요구를 통과해 사람이 아니라, 함께 살아갈 구조를 승인받은 것이었다.

> ### KEY POINT
> - 결혼이민비자(F-6)는 '출입국관리법 시행령 제12조'에 따라 단순 혼인신고만으로는 취득이 불가능하다. 법무부 지침에 따른 1) 혼인의 진정성, 2) 생계유지능력, 3) 국내 적응가능성이라는 세 가지 핵심 요건을 모두 충족해야 한다.
> - 혼인경위서는 단순 사랑 표현이 아닌 '관계의 형성과 발전과정'을 객관적으로 증명하는 문서다. 만남 경로, 교제 기간, 의사소통 방법, 혼인 의사 결정 과정을 구체적 증거(사진, 통화기록, SNS대화 등)와 함께 육하원칙에 따라 작성해야 한다.
> - 재정능력 증명은 결혼이민비자의 핵심 요건이다. 기준 중위소득 이상의 소득증명, 안정적 주거환경 확보(임대차계약서), 건강보험 가입 증명 등을 통해 외국인 배우자를 부양할 수 있는 경제적 안정성을 입증해야 한다.

Quick Reference

결혼비자 기본요건

- 주민등록등본상 동거 기준 소득요건 충족
- 과거 1년의 소득 증빙 자료 제출
- 부부 간 의사소통 입증 자료 제출 필수
- 거주할 곳의 등기부등본/임대차계약서 제출

결혼비자 소득 요건 기준(2025.01.01부터~)

2인 가구	3인 가구	4인 가구
23,595,948	30,152,118	36,586,638
5인 가구	6인 가구	7인 가구
42,649,152	48,388,830	53,930,568

직원 한 명 뽑으려다 회사가 바뀌었다

E-7 비자 설계가 고용구조까지 바꾼 사례

외국인 한 명 채용하려다, 회사를 다시 설계하게 됐다

그는 늘 자신감 넘치던 사람이었다. 제품 피칭도 능숙했고, 투자 미팅에서도 흔들림 없던 그 스타트업 대표가, 이날만큼은 노트를 쥔 손에 힘을 주지 못했다. "외국인 직원 한 명 뽑는 게 이렇게 어려운 일일 줄 몰랐어요." 그의 목소리는 낮고 조심스러웠다. 글로벌 시장 진출을 준비하던 그는, 자연스럽게 외국인 전문직 채용을 고민했고, E-7 비자라는 단어를 들었을 때만 해도 그게 이토록 복잡하고 버거운 절차일 줄은 상상하지 못했다.

그가 처음 들고 온 서류는 겉보기에 정갈했다. 지원자의 이력서, 졸업증명서, 고용계약서, 회사 소개서까지 빠진 건 없어 보였다. 하지만 문제는 그게 전혀 설득력 없다는 점이었다. "

두 번이나 퇴짜 맞았어요. 뭐가 문제인지 모르겠더라고요." 나는 조용히 문서를 넘기다 말고, 고개를 들고 말했다. "문제가 없는 게 문제입니다. 이 안에는 '왜 이 사람이어야 하는지'가 전혀 없어요."

E-7 비자의 본질은 단순 고용 허가가 아니었다. 그건 '이 직무를 왜 한국인이 아니라 외국인이 해야 하느냐'는 명백한 질문에 회사가 얼마나 진지하게 답할 수 있는가의 문제였다. 그 대표는 처음엔 그게 과하다고 생각했다. "외국어 능통자요. 글로벌 마케팅 전담자로요." 하지만 그건, E-7 심사관에게는 그저 '한국에서도 얼마든지 구할 수 있는 인력'에 불과했다.

진짜 첫 번째 실수는 '직군 코드'였다. 그는 글로벌 커뮤니케이션 직무로 신청했지만, 실제 회사의 업무는 기술 영업에 가까웠고, 담당자의 업무는 바이어 관리가 아니라 현장 감각과 기획력이 요구되는 복합 업무였다. 직군 코드가 잘못되면, 아무리 완벽한 서류도 "이 직무는 해당 비자 유형과 맞지 않는다"라는 한 문장으로 탈락 처리된다. 나는 대표와 함께 다시 직무를 분석했다. 업무의 빈도, 책임 범위, 팀 내 협업 구조, 보고 라인까지. 그 모든 걸 풀어낸 뒤에서야 우리는 '정확히 어떤 일을 누구와 어떻게 하게 될 사람'인지를 비로소 설명할 수 있었다.

두 번째 장애물은 '임금 기준'이었다. "최저임금만 넘으면 되지 않나요?" 그는 순진하게 물었다. 나는 GNI 기준표를 꺼내 들며 단호히 말했다. "E-7은 외국인 전문직 비자입니다. 기본 임금 기준이 일반 국내 채용보다 훨씬 높습니다. 그걸 못 맞추면 심사도 열리지 않습니다." 그제야 그는 스타트업의 빠듯한 예산 안에서 이 조건을 어떻게 충족시킬지를 다시 계산하기 시작했다. 그 과정에서 그가 처음으로 깨달은 건, 외국인을 채용하는 일은 '직원 한 명 늘리는 일'이 아니라 '회사의 전략을 재설계하는 일'이라는 사실이었다.

며칠 후, 그는 나를 다시 찾아와 말했다. "지금까지 우리가 글로벌을 말만 했지, 시스템은 하나도 준비 안 돼 있었네요." 그의 표정은 이번엔 분명했다. "이제는 진짜로 회사 전체를 다시 짜야 할 것 같아요. 이 직원은 그냥 채용 대상이 아니라, 우리 글로벌 전략의 첫 퍼즐입니다."

심사관을 설득한 건 말이 아니라 구조였다

"이력서도 보냈고, 추천서도 준비했어요. 심지어 회사 소개서도 번역해서 첨부했는데, 왜 떨어졌는지 이해가 안 갑니다." 대표의 말에는 억울함보다는, '어디서부터 무엇이 잘못됐는지를 모르는 혼란'이 짙게 묻어 있었다. 그는 눈앞에 쌓인 서류를 보며 고개를 저었다. "이 정도면 충분하잖아요?" 나는 잠시 말없이 그를 바라보다, 종이 한 장을 꺼내 그 위에 단어를 하나 적었다. "구조."

"이제부터는 문장을 다시 짜는 게 아니라, 회사를 다시 짜야 해요." 그 말은 그에게 처음으로 '문제가 그 서류 바깥에 있다는 것'을 깨닫게 만든 말이었다.

우리는 다시 책상에 마주 앉았다. 첫 번째로 손댄 건 '직군 정의'였다. 기존 신청서에는 '글로벌 마케팅 전담'이라는 직무가 적혀 있었지만, 실제 담당하게 될 업무는 기술 파트너와의 협상, 현지 문화 기반의 콘텐츠 조율, 유통망 확장 전략 설계 등 복합적인 영역이었다. "단순히 외국어 잘하는 사람은 한국에도 많습니다. 이건 언어 능력의 문제가 아니라, '전문성의 이유'를 증명하는 작업이에요." 나는 그와 함께 고용사유서를 새로 작성했고, 팀의 조직도를 다시 그렸고, 외국인 직원이 참여하는 프로젝트 흐름도까지 설계했다. 그 과정은 마치 하나의 사업계획서를 다시 짜는 것 같았다.

대표는 묻기 시작했다. "이 사람이 여기에 들어와서, 한 달 내에 어떤 업무를 맡을까요?" "회의는 어떤 언어로 진행되나요?" "이 직원이 없을 경우, 어떤 문제가 발생하죠?" 그 질문들은 단순히 서류를 위한 것이 아니었다. 그건 그가 처음으로 회사 내부의 빈 공간을 스스로 점검하고 있다는 증거였다. 그리고 나는 알았다. 지금 그는 비자를 신청하는 게 아니라, 글로벌 체제로 회사를 전환하고 있는 중이라는 것을.

다음은 임금 설계였다. 우리는 정부 기준인 국민총소득(GNI)의 80%를 넘기기 위해, 회사의 연간 예산을 다시 들여다보았다. 대표는 매출 보고서를 열어보며 한참을 고민하더니 말했다. "이 정도 수준이라면, 우리 회사가 감당하기엔 빠듯하지만, 가능하긴 하겠네요. 그런데… 왜 이렇게까지 해야 할까요?" 나는 조용히 답했다. "그만큼, 한국이 외국인 전문직 채용을 진지하게 본다는 의미죠. 준비가 안 된 조직이라면 애초에 통과할 수 없게 설계된 제도예요."

며칠 뒤, 대표는 외국인 직원과 함께 화상 회의를 열었다. 회의는 전부 영어로 진행됐고, 직원은 한국 시장에 대한 대응 전략을 조목조목 설명했다. 그걸 들으며 나는, 이미 이 회사는 절반은 외국인과 함께 일할 준비가 되어 있다는 확신을 가졌다. 이제 남은 건 그것을 제3자에게 설득력 있게 설명하는 글쓰기뿐이었다.

그리고 그날 밤, 나는 마지막 문장을 대표에게 보여줬다. "이 외국인 직원은 단순히 외국어 능력을 가진 인재가 아닙니다. 그는 한국에 없는 시장 감각을 가지고 있으며, 우리 회사가 글로벌로 확장되는 데 있어 반드시 필요한 인물입니다." 대표는 조용히 그 문장을 읽고, 펜으로 밑줄을 그었다. "이게, 이번 서류의 핵심이 되겠네요." 나는 고개를 끄덕였다. "그리고 그게, 이번 심사의 전부입니다."

비자 승인이 아니라, 방향 승인이었다

심사일로부터 28일째 되는 날 아침, 대표에게서 문자 한 통이 왔다. "왔습니다. 승인입니다." 짧은 문장이었다. 말줄임표도 없고 느낌표도 없었다. 그런데도 나는 그 여백에서 그의 감정선을 읽을 수 있었다. 홀가분함, 해방감, 그리고 말할 수 없는 긴장의 해소. 우리는 그동안 너무 많은 문장을 써왔고, 너무 많은 사유를 설명해왔으며, 때로는 이 모든 게 과연 '외국인 직원 한 명 채용하는 데 필요한 일인가' 싶을 만큼 회사를 샅샅이 들여다봐야 했다. 하지만 그 순간 나는 확신할 수 있었다. 우리가 받아낸 건 단지 고용 승인이 아니라, 이 회사가 앞으로 어떤 방식으로 움직일 것인지에 대한 '방향' 자체의 승인이라는 것을.

며칠 뒤, 대표는 외국인 직원과 함께 정식 근로계약을 체결했다. 그 자리에서 그는 이렇게 말했다. "이번 비자 하나를 받으면서, 나는 우리가 무슨 회사를 만들고 있는지를 다시 생각하게 됐어요." 직원은 고개를 끄덕이며 한국어로 답했다. "저도 그렇게 느껴요. 이제 저도 이 회사의 책임을 져야겠네요." 그 짧은 말 안에는, 이번 프로젝트가 단지 외국인 1명의 '채용'이 아니라, 국적과 경계를 넘어 신뢰와 전략이 엮인 진짜 '채움'이었다는 의미가 담겨 있었다.

회사는 달라졌다. 우선 인사관리 시스템이 바뀌었다. 직무기술서가 처음으로 정식 등록되었고, 급여 기준표가 현실화되었으며, 글로벌 대응 프로세스가 정립되었다. 직원은 단순한 외국어 능력이 아니라, 현지 문화 및 시장 인사이트를 바탕으로 콘텐츠 기획과 유통 전략에 참여했고, 그의 제안은 두 달 만에 실제 프로젝트 파일럿으로 연결되었다.

무엇보다 달라진 건 대표의 시선이었다. 그는 이제 "외국인 채용"이라는 말을 쓰지 않았다. 그는 대신 "글로벌 전략 인력"이라는 표현을 사용했다. 누구를 데려오느냐보다, 누구와 함께 방향을 설계할 수 있는가에 집중하기 시작한 것이다.

몇 달 후, 그는 다시 출입국사무소를 찾았다. 이번엔 새로운 인력을 위한 E-7 신청을 검토하기 위해서였다. 그는 말했다. "이제는 감이 아니라 설계로 갑니다. 이전처럼 무턱대고 도전하지 않아요." 나는 웃으며 답했다. "비자란, 결국 회사를 거울처럼 비추는 문서죠. 준비가 안 된 건 반드시 드러나게 되어 있어요."

우리는 그날 마지막으로 확인했다. E-7 비자는 고용 허가증이 아니다. 그건 회사가 얼마나 책임 있게, 장기적으로, 전략적으로 사람을 대하는지를 심사하는 서류였다. 그리고 그 심사는 여전히 계속되고 있었다.

KEY POINT

- E-7 비자는 "왜 꼭 외국인을 뽑아야 하나요?"라는 질문에 답하는 과정이다. 단순히 영어 잘하는 사람이 아니라, 한국인으로는 채울 수 없는 특별한 능력이 있다는 걸 증명해야 한다.

- 회사 조직도에서 이 외국인의 위치를 명확히 보여줘야 한다. 무슨 일을 하는지, 누구와 일하는지, 왜 그 자리에 필요한지를 구체적으로 설명해야 승인 가능성이 높아진다.

- 급여는 정부가 정한 최소 기준 이상이어야 한다. 이는 "이 사람의 능력을 진짜로 인정하고 있나요?"를 확인하는 척도로, 비자 심사의 기본 조건이다.

- 국내인력 충원이 우선적이므로 5인미만 사업자에게는 제한이 있다. 기본적으로 5명에 1명의 외국인을 고용할 수 있다.

- 직군에 따라 주무부처의 고용추천서가 필수적인 경우가 있어 먼저 확인하여 비자 신청 전에 추천서를 미리 받아야 한다.

- 2025년 4월 1일부터 현재 임금요건이 단일화 되어 개정이 되었으며 기준이 비교적 완화되었다.

Quick Reference

E-7 취업비자의 종류

비자	유형	직종
E-7-1	전문인력	관리작 및 전문자 (67개 직종)
E-7-2	준전문인력	사무, 서비스 종사자 (9개 직종)
E-7-3	일반기능인력	기능 및 관련 기능 종사자 (7개 직종)
E-7-4	숙련기능인력	점수제 적용, E9직종

1. 전문인력 (E-7-1) *대다수의 오피스 잡 (마케터, 개발자, 해외영업원, HR담당자 등)
2. 준전문인력 (E-7-2) *의료코디네이터, 호텔접수사무원, 요양보호사 등
3. 일반기능인력 (E-7-3) *조선용접공, 선박도장공 등
4. 숙련기능인력 (E-7-4) *뿌리산업체 숙련기능공 등

2025년 E-7 체류자격 임금 요건 기준

구분	임금 요건 기준 (연봉)
전문인력 (E-7-1)	연 2,867만 원 이상
준전문인력 (E-7-2)	연 2,515만 원 이상
일반기능인력 (E-7-3)	연 2,515만 원 이상
숙련기능인력 (E-7-4)	연 2,600만 원 이상

변경된 임금 요건 기준

기존에는 GNI(국민총소득)를 기준으로 80%를 적용하고, 중소기업 및 벤처기업의 경우 70%를 적용하는 방식이었습니다. 하지만 이번 개정으로 인해 임금 조건이 통일되어, 모든 기업에 동일한 기준이 적용됩니다. 이를 통해 임금 요건의 명확성을 높이고, 외국인 채용 절차를 보다 일관되게 운영할 수 있게 되었습니다.

1억 투자보다 중요한 건,
왜 해야 하나는 질문

D-8 비자를 결정 지은 단 하나의 핵심 문장

한국에 법인만 세우면 되는 줄 알았다

리우(가명)가 한국행을 결심한 건 설불렀다기보다 순진했다. 그는 중국에서 꽤 안정된 공정을 운영하고 있었고, 이제는 그 기술을 한국에 도입해 법인을 세우고 D-8 비자를 통해 확장을 하려는 계획을 갖고 있었다. 하지만 그가 처음 나에게 도움을 요청했을 땐, 이미 비자 준비는 서류반송으로 세 번째 회차에 들어가 있었다. 그는 고개를 떨군 채 말했다. "요건은 다 맞춘 것 같은데, 왜 자꾸 안 되는 걸까요?" 나는 조용히 고개를 끄덕이며, 그가 간과한 진짜 문제를 되짚기 시작했다.

그의 첫 번째 실수는 투자금액에 대한 안이한 판단이었다. "1억이면 된다고 들었어요." 그는 담담하게 말했다. 나는 고개를 저으며 말했다. "서류상으로는 1억이 최소 요건이지만, 실제로 1억으로 D-8 비자를 받기는 쉽지 않습니다. 3억 이상을 투자하면 심사가 확실히 완화됩니다." 그의 표정이 굳었다. "그럼 처음부터 3억을 준비했어야 했나요?" 나는 천천히 설명했다. "D-8 비자가 반려되면 단순히 비자만 못 받는 게 아닙니다. 이미 설립한 법인을 폐쇄하고, 사무실 계약을 해지하고, 투자금을 본국으로 재송금해야 합니다. 그 손실을 생각하면, 처음부터 안정적으로 준비하는 게 낫습니다."

그의 두 번째 실수는 투자금 송금 과정의 복잡성을 간과한 것이었다. 리우는 본인 통장에서 일부, 가족 통장에서 일부를 나누어 송금했고, 그 과정에서 자금 출처에 대한 명확한 설명이 부족했다. "문제는 이겁니다. 투자금 출처 소명이 불분명해요. 심사관이 가장 중요하게 보는 것이 바로 이 돈이 어디서 어떻게 마련됐는지입니다. 계좌 내역, 소득 증빙, 자금 형성 과정까지 모두 투명하게 보여줘야 합니다." 그 순간 리우의 얼굴이 살짝 굳었다. "그냥 돈만 보내면 되는 줄 알았는데…." 나는 단호하게 말했다. "D-8 비자 불허 사유의 대부분이 바로 투자금 출처의 불분명입니다."

그의 세 번째 실수는 '먼저 법인을 만들면 비자도 따라올 것'이라는 단순화된 판단이었다. 그는 본인은 한국에 오지도 않은 채 위임장만 보내 모든 절차를 진행하려 했다. 중국에서 위임장을 공증받고, 번역하고, 다시 발송하는 과정에서 시간은 계속 흘렀고, 그 사이 사업의 실체성은 더욱 의심받게 되었다. 나는 그에게 물었다. "왜 직접 한국에 안 들어오셨나요?" 그는 머쓱하게 웃었다. "바빴습니다. 위임장으로도 다 되는 줄 알았거든요." 나는 조용히 말했다. "한국에 직접 와서 외국인 투자신고부터 시작하는 것이 훨씬 유리합니다. 실제로 사업을 준비하는 모습이 심사에 긍정적 영향을 미칩니다."

그러나 그 무엇보다도 본질적인 장애물은 따로 있었다. 그것은 바로 '이 사람이 왜 한국에서 직접 경영해야 하는가'라는 질문에 대한 준비가 없었다는 점이다. D-8 비자의 본질은 '투자'가 아니라 '경영'이다. 그리고 한국정부가 궁금해하는 건 언제나 같다. "왜 굳이 외국인이 와서 경영해야 하죠? 한국인을 고용하면 안 되나요?" 리우는 그때 처음으로 이 비자가 '돈만 있다고 주어지는 비자'가 아니라는 걸 깨달았다. 그 질문은 그의 자존심을 건드렸다. 그리고 마침내 그는 자신의 기술자료, 공정 매뉴얼, 기존 중국 특허 출원 내역, 그리고 그것이 한국 사업에 반드시 필요한 이유를 하나씩 정리하기 시작했다.

입국은 선택이 아니라 필수였다

인천공항에 도착한 리우는, 공항 출입국 심사대를 통과하며 스스로에게 속삭였다. "이건 그냥 방문이 아니야. 지금부터가 진짜 시작이야." 며칠 전까지만 해도 그는 이 모든 과정을 위임장으로 처리하려 했다. 하지만 이제는 달랐다. 직접 한국에 와서 하나하나 준비해야 한다는 것을 깨달았다.

그는 도착하자마자 가장 먼저 은행으로 향했다. 외국인투자신고를 위해서였다. "본인이 직접 오셔야 신고가 가능합니다." 은행 직원의 말에 그는 안도의 한숨을 쉬었다. 만약 계속 중국에 있었다면, 이 첫 단계부터 막혔을 것이다.

외국인투자신고가 완료되자 전용 계좌가 개설됐고, 그는 중국에서 투자금을 송금했다. 이번에는 자금 출처를 명확히 증빙할 수 있는 서류를 모두 준비했다. 본인의 급여 내역, 사업 수익금, 부동산 매각 대금 등 모든 자금의 흐름을 투명하게 공개했다.

다음은 법인 설립이었다. 법인등기, 사업자등록, 외국인투자기업 등록까지. 그는 매 단계마다 꼼꼼하게 서류를 준비했고, 무엇보다 본인이 이 회사의 실질적 경영자임을 보여주는 데 집중했다. 사무실도 직접 계약했다. 위치 선정부터 인테리어까지, 모든 과정에 참여했다. "이 공간에서 어떤 사업을 할 것인가"를 구체적으로 그려나갔다.

며칠 후, 그는 나에게 사업계획서를 다시 보여주며 말했다.

"기존에 제출한 계획은 틀렸어요. 그건 중국에서 쓰는 방식이었어요. 지금은 한국 시장에 맞게, 제가 왜 직접 경영해야 하는지를 중심으로 다시 썼습니다." 그 문장은 짧았지만, 나는 그가 이제 D-8 비자의 본질을 이해했다는 걸 알았다.

증명은 서류로, 설득은 진정성으로

D-8 비자 신청을 위한 모든 준비가 끝났을 때, 리우의 서류철은 처음보다 세 배는 두꺼워져 있었다. 투자금 출처 소명 자료만 해도 수십 장이었다. 중국 은행 거래내역, 소득세 납부 증명, 부동산 거래 계약서, 그리고 각 자금이 어떻게 형성되었는지에 대한 상세한 설명서까지.

사업의 진정성을 증명하는 서류도 만만치 않았다. 중국에서의 사업 경력, 보유 기술에 대한 증빙, 한국 시장 진출의 필요성, 그리고 무엇보다 "왜 본인이 직접 와서 경영해야 하는가"에 대한 논리적 설명. 그는 이 모든 것을 체계적으로 정리했다.

"제가 보유한 공정 기술은 3년간의 노하우가 축적된 것입니다. 단순히 매뉴얼을 전달한다고 구현할 수 있는 게 아닙니다. 초기 세팅부터 품질 관리까지, 제가 직접 관리해야만 한국 시장에서 경쟁력을 가질 수 있습니다."

심사 과정은 서류로만 진행됐다. 간혹 현장 실사가 나오는 경우도 있다고 들었지만, 리우의 경우는 철저히 준비된 서류만으로 심사가 진행됐다. 그가 제출한 서류들은 하나의 스토리를 만들어냈다. 투명한 자금, 명확한 사업 목적, 그리고 본인이 아니면 안 되는 이유까지.

며칠 뒤, 결과가 나왔다. "D-8 비자 승인." 그 순간, 리우는 한참을 말없이 서 있었다. 그리고 조용히 말했다. "이제야 알겠어요. 비자를 받는 건 돈의 문제가 아니라, 진정성의 문제였다는 걸."

나는 고개를 끄덕이며 답했다. "D-8 비자는 투자 비자가 아닙니다. 경영 비자입니다. 당신이 증명한 건 돈이 아니라, 당신이 이 사업을 할 수 있는 유일한 사람이라는 거였습니다."

그날 이후, 리우는 본격적으로 한국에서의 사업을 시작했다. 비자는 끝이 아니라 시작이었다. 그는 여전히 매일 아침 일찍 사무실로 출근했고, 한국 직원들과 함께 시장을 개척해 나갔다.

몇 달 후, 그는 내게 메시지를 보냈다. "그때 직접 한국에 오길 정말 잘했어요. 만약 계속 중국에서 위임장만 보냈다면, 지금도 비자를 기다리고 있었을 거예요."

나는 그 메시지를 읽으며 다시 한 번 확신했다. D-8 비자의 핵심은 결국 두 가지다. 투명한 자금과 명확한 경영 목적. 그리고 그것을 가장 잘 보여주는 방법은, 직접 와서 준비하는 것이다.

KEY POINT

- D-8 비자의 최소 투자금액은 1억원이지만, 실제로는 3억원 이상 투자 시 심사가 현저히 완화된다. 1억원으로는 승인이 어려운 것이 현실이며, 반려 시 법인 폐쇄와 자금 회수 등 큰 손실이 발생한다.

- 투자금 출처의 명확한 소명이 D-8 비자 승인의 핵심이다. 계좌 거래내역, 소득 증빙, 자금 형성 과정 등을 투명하게 증명해야 하며, 이는 D-8 비자 불허의 가장 큰 사유이다.

- 외국인이 직접 경영해야 하는 타당한 이유가 있어야 한다. 단순 투자가 아닌 본인의 전문성, 기술, 경험이 한국 사업에 필수적임을 증명해야 하며, 한국인으로 대체 불가능한 이유를 명확히 제시해야 한다.

- 가능하면 한국에 직접 입국하여 모든 절차를 진행하는 것이 유리하다. 해외에서 위임장으로만 진행하면 외국인투자신고부터 어려움이 있으며, 실제 사업 준비 과정을 보여주는 것이 심사에 긍정적 영향을 미친다.

Quick Reference

D-8-1 대한민국 법인에 투자	투자 대상이 대한민국 법인, 투자금액이 한화 1억원 이상 및 의결권 있는 주식 10% 이상 소유
D-8-2 벤처기업 설립 대표자	지식재산권을 보유하는 등 벤처기업 설립 기업의 대표자
D-8-3 대한민국 개인기업에 투자	투자 대상이 대한민국 국민이 경영하는 개인기업, 투자금액 한화 1억원 이상 및 한국인과 공동대표
D-8-4 중앙행정기관 추천 기술창업	국내 및 외국에서 학사 이상의 학위를 가지고 정부지원 사업에 선정된 창업 아이템에 해당하는 기술력을 가지고 사업자등록을 완료한 창업자

https://www.visaskorea.com/

D-8 비자 정리

외국인 투자기업이여야 함	본사와 지사간의 관계입증 서류 제출 필요
고위임원과 같은 필수 인력만 가능	국내 or 해외에서 신청가능

정부는 '말'이 아닌 '구조'로 설득해야 합니다

국적 바꿨더니
아무것도 못했다

국적 회복 절차를 몰라 일상까지 막힌 사람의 반전

왜 사업할 때마다 자꾸 막히는 걸까요?

그가 내게 처음 연락을 준 날, 목소리는 조용했지만 그 안에는 분명한 피로가 서려 있었다. "대표님, 제가 뭘 잘못하고 있는 걸까요? 사업은 분명히 잘 굴러가고 있는데, 중요한 순간마다 꼭 막히는 느낌입니다."

그는 미국에서 꽤 성공한 IT 기업을 운영했던 사람으로, 실리콘밸리에서 수십 년을 살아온 입지전적인 인물이었다. 하지만 어느 날, 그는 한국에서 새로운 사업 기회를 발견했고, 한국으로의 귀국을 결심했다. 입국 후 초기 사업은 예상보다 순조롭게 흘러갔다. 미국식 경영 방식을 접목한 기술 기반 플랫폼 서비스는 한국 시장에서도 반응이 좋았고, 몇몇 투자자들 역시 그에게 호감을 보였다.

그런데 문제는 의외의 지점에서 시작됐다. "한국에선 외국인이라 대출이 안 됩니다." "정부 지원은 F-4 비자론 신청이 어렵습니다." "사업 확장을 하시려면 한국 국적자 대표가 따로 필요해요." 그의 입장에서 이 말들은 처음엔 이해되지 않았다. 그는 미국 시민권자였고, F-4 재외동포비자를 통해 법적으로 사업도 할 수 있었고, 세금도 제대로 납부하고 있었다. 거기에 F-5 영주권 비자로도 변경하였다. 그런데도 유독 '국적'이라는 단 하나의 항목이 모든 문턱을 가로막고 있었다.

"처음엔 제 신용이 부족한 줄 알았어요. 그래서 미국 자산 내역을 제출하기도 했는데, 돌아오는 답변은 똑같았습니다. '외국 국적자라 안 된다'는 말뿐이었죠." 나는 그제야 설명을 시작했다. "한국에선 외국인도 오래 체류하면 인감도장을 등록할 수 있고, 법인 설립도 가능합니다. 하지만 대출이나 투자, 자산 확장의 순간부터는 국적의 벽이 등장합니다." 이 말은 단지 행정상의 원칙이 아니라, 제도와 개인의 거리를 실감하게 만드는 선언과도 같았다.

그는 처음으로 질문을 바꿨다. "그럼…. 제가 한국 국적을 다시 가질 수는 없을까요?" 나는 잠시 침묵했다. 그 질문은 간단해 보였지만, 답은 복잡했다.

한국은 기본적으로 단일 국적주의 국가다. 성인이 되면 이

중국적을 유지할 수 없고, 외국 국적을 선택한 사람은 한국 국적을 포기하거나 상실신고를 해야 한다. 그런데 중요한 것은 순서였다. F-4 비자를 받으려면 먼저 국적상실신고가 완료되어야 한다.

나는 조심스럽게 되물었다. "혹시, 한국 국적을 포기한 기록은 갖고 계신가요?" 그는 대답했다. "F-4 비자를 받았으니 당연히 국적상실신고는 된 거 아닌가요?" 나는 고개를 끄덕였다. "맞습니다. F-4 비자가 나왔다면 이미 국적상실신고는 완료된 상태입니다. 이제 국적회복을 신청하실 수 있습니다." 그는 놀라워했다. "그럼 다시 한국인이 될 수 있다는 뜻인가요?" 나는 설명했다. "네, 가능합니다. 대표님의 경우 이미 국적상실신고가 완료되었고, F-5 영주권까지 받으셨으니 국적회복 신청 자격이 됩니다. 다만…." 나는 잠시 말을 멈췄다. "국적회복이 특별한 경우가 될 수도 있습니다."

국적회복이란 단어는 처음 들으면 무언가 돌아간다는 느낌을 준다. 마치 과거에 잃어버린 것을 다시 손에 넣는 복원 작업처럼. 그러나 실제 그 절차는 '되찾음'이라기보다는 '재설계'에 가까웠다.

나는 서류를 하나하나 짚어가며 그에게 설명했다. "국적회복 신청을 접수하면 최소 6개월, 길게는 1년까지 심사기간이 소요되며, 이 기간 동안 출국이 절대 불가능합니다. 한 번이라도 출국하면 신청은 자동으로 취소되고, 처음부터 다시 시작해야 합니다." 그 말은 곧, 해외 미팅도, 출장도, 가족 행사도 모두 포기해야 하는 폐쇄적 시간대가 필요하다는 뜻이었다.

그는 놀라워했다. "그 정도까지일 줄은 몰랐네요. 혹시 출국 사유서를 내면 예외가 되진 않나요?" 나는 고개를 저었다. "그 어떤 사유도 허용되지 않습니다. 국적 회복은 영주권이나 비자 발급과는 전혀 다른 시스템이에요. 이건 '대한민국이 누구를 다시 국민으로 받아들일지'를 심사하는 절차니까요."

하지만 여기서 끝이 아니었다. 그가 남성이라는 사실, 그리고 그의 나이와 체류 이력이 또 다른 문제를 예고하고 있었다.
"대표님, 혹시 나이가 어떻게 되시죠?"
"마흔 다섯입니다."
나는 안도의 한숨을 쉬었다. "다행입니다. 만 38세가 넘으셨으니 병무청 통보는 걱정 안 하셔도 됩니다. 국방의 의무는 만 38세로 만료되거든요."

그러나 나는 조심스럽게 덧붙였다. "다만, 심사 과정에서 다른 문제가 생길 수 있습니다. 대표님이 F-4 비자로 한국에 체류하신 기간이 꽤 되시죠? 심사관이 '왜 하필 만 38세가 지난 후에 국적회복을 신청하느냐'고 의심할 수 있습니다. 병역 회피 목적이 아니었는지 소명을 요구할 가능성이 있어요." 그는 당황한 표정으로 물었다. "하지만 저는 미국에서 계속 사업을 하다가 최근에야 한국에 정착한 건데요?" 나는 고개를 끄덕였다. "그 부분을 충분히 소명할 수 있는 자료를 준비해야 합니다. 미국에서의 사업 경력, 한국 진출 시기와 이유, F-4에서 F-5로 변경한 과정 등을 체계적으로 정리해서 의견서를 제출해야 해요."

심사 접수 후 몇 주가 지났을 때였다. 그는 내게 조심스럽게 말했다. "저희 외할아버지가 한국전쟁 참전 유공자셨어요. 그게 혹시 도움이 될 수 있을까요?" 나는 잠시 멈췄다가 고개를 끄덕였다. "혹시 모르죠. '특별귀화' 조항을 한번 같이 확인해보시죠."

한국은 기본적으로 단일 국적주의를 원칙으로 하지만, 몇 가지 예외적 경우에 한해 이중국적을 허용하는 제도를 운용하고 있다. 그 중 대표적인 것이 바로 '특별귀화'였다. 이는 만 65세 이상의 고령자나, 국가유공자 및 그 직계 후손에게 적용될 수 있는 규정으로, 일정 조건을 충족할 경우 한국 국적을 회복하면서도 외국 국적을 포기하지 않아도 되는 제도였다.

그는 놀란 표정으로 되물었다. "그럼 이중국적이 가능하다는 말씀이세요?" 나는 조심스럽게 대답했다.

"조건만 맞는다면요. 국가유공자의 손자까지도 특별귀화 요건에 해당합니다. 다만, 이중국적이 허용되더라도 '외국국적 불행사 서약'을 해야 합니다."

"그게 무슨 뜻이죠?"

"한국 내에서는 한국 국적만 사용하고 외국 국적을 행사하지 않겠다는 서약입니다. 만약 한국에서 미국 국적을 사용하면 서약 위반으로 과태료가 부과되거나 한국 국적을 다시 상실할 수 있어요."

그날 이후 우리는 또 한 번의 마라톤을 시작했다. 보훈처에서 조부의 국가유공자 등록 여부를 확인했고, 그와의 가족관계를 증명할 수 있는 기초 가족관계증명서와 제적등본, 입양 여부까지 철저히 정리한 계보 문서를 준비했다. 동시에 병역 회피 의심에 대한 소명 자료도 준비했다. 미국에서의 학업과 경력, F-4 비자 취득 시기와 목적, 한국 정착 과정 등을 시간 순서대로 정리하고, 관련 증빙을 모두 첨부했다.

출입국 담당자의 반응은 처음엔 회의적이었다. "이중국적은 잘 안 나옵니다. 그리고 F-4 비자를 오래 유지하다가 만 38세 이후에 국적회복을 신청하는 것도…. 좀 의심스러운 부분이 있네요." 나는 조용히 준비한 서류를 제출하며 말했다. "국가유공자 후손으로서의 특별귀화 요건을 충족합니다. 그리고 병역과 관련해서는 미국에서의 지속적인 거주와 사업 활동을 증명하는 자료를 모두 준비했습니다."

마침내, 심사가 끝났고 결과가 나왔다. 그는 대한민국 국적을 회복했으며, 동시에 미국 국적도 유지할 수 있는 '이중국적 허용자'로 승인되었다. 단, 외국국적 불행사 서약에 따라 한국 내에서는 오직 한국 국적만을 사용해야 한다는 조건이 붙었다.

그날, 그는 누구보다 조용한 표정으로 말했다. "되게 단순한 말 같지만요, 저는 지금… 자유를 얻은 기분입니다." 그 말은 단지 비자에서 해방됐다는 의미가 아니었다.

국적 회복 이후, 그는 한국 은행에서 법인 대표로서 금융 신용평가를 정식으로 받을 수 있었고, 정부지원금이 포함된 창업 R&D 프로그램에도 신청 자격이 생겼으며, 가장 결정적으로는 대출 심사에서 '외국 국적자'란 이유로 불이익을 받는 일이 사라졌다. "신기하죠. 단지 국적 하나 바꿨을 뿐인데, 한국 사회가 절 대하는 방식이 바뀌었어요. 이제는 사업계획서를 낼 때도, 대면 미팅에서도, 저를 '외국인 대표'가 아니라 그냥 한 명의 한국 사업가로 봅니다."

나는 그 말을 들으며 조용히 고개를 끄덕였다. 행정은 언제나 '형식'의 문제처럼 보이지만, 사실은 '관계'의 언어다. 그가 국가와 맺은 새로운 관계는 단지 법적 지위의 변화를 넘어서, 제도와 사람이 만나고 서로를 인정하는 방식 자체를 바꾸는 과정이었다.

KEY POINT

- 국적은 사업의 기회를 결정한다. 한국에서 외국인은 인감도장 등록과 법인 설립은 가능하지만, 대출, 정부지원, 투자 유치 등에서는 국적의 벽에 부딪힌다. 국적 회복이 사업 확장의 열쇠가 될 수 있다.

- 국적 회복은 순서가 중요하다. 국적상실신고 → F-4 비자 → (F-5 비자) → 국적회복 신청의 순서를 따라야 한다. 국적회복 신청 중에는 최소 6개월 이상 출국이 불가능하므로 사업 일정을 미리 조정해야 한다.

- 만 38세 이후 국적회복 시 주의사항이 있다. 병무청 통보는 없지만, 심사 과정에서 병역 회피 목적이 아니었음을 소명해야 할 수 있다. F-4 비자 취득 시기, 해외 거주 경력 등을 체계적으로 정리한 의견서가 필요하다.

- 이중국적도 조건부로 가능하다. 국가유공자 후손(손자까지), 65세 이상 고령자 등은 특별귀화를 통해 이중국적이 가능하다. 단, '외국국적 불행사 서약'을 해야 하며, 한국 내에서 외국 국적을 사용하면 과태료 또는 한국 국적 상실의 위험이 있다.

Quick Reference

여성 대표님이라고
무조건 여성기업은 아닙니다

여성기업 인증 자주 탈락하는 이유

나는 여성입니다, 그런데 왜 자꾸 안된다고 하나요?

창업을 준비하면서 가장 먼저 떠오른 질문은 생각보다 단순했다. '혹시 국가가 나 같은 사람도 도와줄 수 있을까?' 특히 여성 창업자라면 누구나 한 번쯤은 들어봤을 것이다. "여성기업 인증을 받으면 공공 조달 시장이나 정부 과제에서 유리해진다더라." 하지만 기대와 현실 사이의 간극은 늘 조용한 틈에서 불쑥 드러난다.

서울 강남의 작은 카페에서 처음 만난 Y기업 대표님은, 그야말로 전형적인 오해 속에 있었다. 병원에서 수년간 상담실장을 지낸 그녀는 의료기관 연계를 기반으로 한 고기능성 화장품 브랜드를 새롭게 론칭하며 사업에 뛰어들었고, 주변의 조언에 따라 여성기업 인증을 준비하고 있었다. 나와 마주한 자리에서 그녀는 선명한 눈빛으로 이렇게 말했다. "제가 여성이고, 사업도 직접 운영하고 있는데 뭐가 문제인가요?"

나는 그 말에 바로 대답하지 않았다. 아무리 맞는 말이어도, 과정에는 기준이 있고 증명이 필요했다. 그래서 조심스럽게 관련 서류들을 검토한 후, 몇 가지 핵심적인 문제를 짚어드렸다.

첫째, 대표님의 실질 운영 여부가 불확실했다. 여성기업 인증은 단순히 '대표자 명의'가 여성이냐를 따지지 않는다. 심사위원들은 진짜 그 여성이 회사를 운영하고 있는가를 묻는다.

둘째, 지분 구조가 문제였다. 여성기업으로 인정받기 위해선 여성이 최대 출자자이거나 여성이 2명이상이고 그들의 지분의 합이 최대로 소유를 해야 가능하다. 그런데 이 기업의 경우 남성 주주의 실질 영향력이 크고, 실제 의사결정 흐름에서도 대표의 단독 판단이 어려워 보였다.

셋째는, 준비의 문제였다. 심사에서 요구하는 질문에 대해 대표 스스로 설명하지 못한다면, 단지 서류를 갖췄다고 해서 통과되는 것이 아니었다. 제품의 성분을 묻고, 제조 공정을 묻고, 조직의 운영 체계를 묻는 질문에 대표가 답하지 못한다면, 그것은 사업의 주체가 아니라는 증거였다.

대표님은 한순간 말문이 막혔다. 눈빛이 조금 흔들렸다. "그럼, 어떻게 해야 하죠?" 나는 그제야 그 질문이 단지 행정 절차가 아니라, 자신의 자격을 되묻는 마음의 목소리라는 걸 알아챘다. 한 번의 실사에서 "대표가 실질적으로 경영하지 않는 것 같다"는 평가를 받고 반려 조치를 당한 경험이 그녀의 자신감에 조용한 균열을 냈다는 걸, 말하지 않아도 느낄 수 있었다. 그날 이후, 나는 이 대표님과 처음부터 다시 출발하기로 했다. 지금 이 순간은 단순한 실수나 실패가 아니라, 그녀가 진짜로 '대표'로 변모할 수 있는 시작점이 되리라는 것을, 나 스스로도 느끼고 있었기 때문이다.

서류를 읽을 줄 아는 게 아니라, 말할 줄 알아야 합니다.

반려된 첫 심사를 지나고, 대표님의 얼굴에는 이전과는 다른 결이 드러나 있었다. 익숙한 자신감 대신 조심스러운 침묵이 자리했고, 그 속에서 나는 준비되지 않았던 '대표의 언어'를 서서히 꺼내기 시작했다. 이제부터는 본격적인 전환이 필요했다. 단지 서류 몇 장을 손에 쥔 채 마주앉아 있을 것이 아니라, 그 서류 속 내용을 스스로 설명하고 말로 풀어내는 주체로 거듭나야 했다. 나는 그 말을 꺼내기까지 조금 망설였지만, 결국 가장 중요한 문장을 내뱉었다. "이제부터는 이걸 '읽을 수 있어야' 하는 게 아니라, '말할 수 있어야' 합니다."

그날부터 본격적인 훈련이 시작됐다. 나는 그녀의 사업계획서, 제품 소개서, 조직도, 거래처 리스트를 모두 정리해 하나의 흐름으로 재배열했다. 문서가 단지 나열이 아닌 논리가 되게 만들고, 이미지가 단순한 그림이 아닌 설득의 도구가 되게 하는 작업이었다. 하지만 진짜 훈련은 그 이후였다. 문서를 앞에 두고 예상 질문 리스트를 만든 뒤, 실제 심사 상황을 가정한 시뮬레이션 답변 훈련을 반복했다.

처음에는 대표님이 자주 고개를 숙였다. 대답은 문장이라기보다 단어였고, "글에 다 써 있는데요"라는 반응이 자주 나왔다. 하지만 매 연습이 반복될수록 작은 변화가 감지됐다. 어느 순간 그녀는 문서를 보지 않고도 사업의 핵심을 설명했고, 제품의 차별점을 말할 때는 미세하게 입꼬리가 올라갔다. '경험자로서 말하는 사람'의 태도가 조금씩 형성되고 있었다. 나는 그 눈빛의 변화를 절대 놓치지 않았다. "이제 시작하셨네요. 이건 아주 좋은 징조입니다."

그 무렵, 우리는 공장 내부를 영상으로 정리하고, 생산 과정과 유통 흐름을 영상회의에서 어떻게 보여줄지까지 미리 연출했다. 단지 서류 심사가 아닌 '실시간 증명'의 형태로 바뀐 요즘의 인증 방식에 맞추기 위해, 화면 구성부터 이동 동선까지 시뮬레이션하면서 작은 장면 하나까지도 점검했다. 한 번은 창고에 있던 재고의 수량을 묻는 질문을 예상해, 엑셀 데이터를 숫자별로 준비했고, 제품을 포장하는 직원의 역할을 물었을 때는 직접 이름을 부르며 설명하는 방식까지 연습했다.

그녀는 매 연습마다 땀을 흘렸다. 손끝이 떨리고, 때로는 말이 막혔다. 하지만 그 모든 순간을 지나고 나면, 나는 꼭 한마디를 덧붙였다. "오늘은 분명히 어제보다 한 걸음 더 대표님 같았습니다."

그 변화는 어느 날 갑자기 완성되지 않았다. 마치 어제보다 오늘이, 오늘보다 내일이 조금 더 나아지는 것을 매일 확인하는 일처럼, 그녀는 '말할 줄 아는 사람'으로 재구성되어갔다. 이 작업은 단순한 훈련이 아니었다. 그것은 책임을 떠안는 자세였고, 문서로만 존재하던 '여성 대표'라는 이름이 실체를 획득하는 과정이었다. 나 역시 그 모습을 지켜보며 알게 되었다. 행정은 서류를 다루는 일이 아니라, 사람을 설계하는 일이라는 사실을.

국가는 증명한 사람에게만 기회를 준다.

2차 실사 당일, 대표님은 더 이상 흔들리지 않았다. 카메라 앞에 앉은 그녀는 이전의 당황스러운 눈빛이 아닌, 단단한 시선으로 화면을 응시했다. 사업장이 연결되고, 영상이 시작되자 곧바로 공장의 구조와 생산 동선을 설명하며 자신의 언어로 회사를 보여주기 시작했다. 예전에는 내가 대신 정리했던 조직도를, 이번에는 그녀가 먼저 꺼내 들었고, 직원들의 역할까지 세세히 짚어내며 심사위원의 질문을 기다렸다.

화면 너머로 들려온 첫 질문은 예상보다 직설적이었다. "이 제품의 핵심 성분과 차별점은 뭔가요?" 그녀는 눈을 피하지 않았다. 망설이지 않았다. "이 성분은 병원에서 장기간 검증된 항균 작용이 있고, 기존 시판 제품 대비 자극도가 낮습니다. 특히 피부 재생 기능을 높이기 위해 추가한 조성물은 의료기관 협력 테스트로 충분히 입증을 받았습니다."

그 순간, 나는 화면 속 심사위원의 손이 멈춘 것을 보았다. 마치 '설명이 아니라, 확신을 들은 것 같다'는 표정처럼. 이어진 질문은 더 구체적이었다.

"지금 보여주신 이 공간에서 실제 포장도 이루어지나요?"
"네. 바로 뒤에 있는 저 구역에서 직원 두 명이 수작업 포장을 담당합니다. 필요한 경우 외주 인력을 쓰지만, 품질 관리를 위해 핵심 공정은 직접 합니다."
"직접 한다는 건, 대표님께서도 현장에서 업무를 함께 하신다는 뜻인가요?"

그녀는 살짝 웃으며 고개를 끄덕였다. "지금도 하루에 한 번은 여기서 작업을 봅니다. 이 공장이 제 사업의 심장이니까요."

그 짧은 문장 안에는 수개월간의 연습과 무너졌던 자존감을 회복한 한 사람의 분투와 성장이 오롯이 담겨 있었다. 실사위원들은 몇 번이나 고개를 끄덕였고, 마무리 인사를 나누기 전 한 위원이 말했다. "대표님께서 직접 잘 운영하고 계시네요. 저희가 질문할 게 많지 않았습니다." 그 말은 곧 승인이라는 뜻이었다.

그리고 며칠 뒤, 정식 통보가 도착했다. 「여성기업 인증 완료」 그녀는 내가 전화를 걸자마자 울었다. 아무 말도 하지 않고, 한참을 울었다. 그리고 조용히 말했다. "대표라는 말이, 오늘 처음으로 가슴에 와닿았어요."

인증 이후, 그녀의 사업은 조금씩 달라졌다. 공공조달 플랫폼에 입점했고, 제품이 입찰 리스트에 오르기 시작했으며, 인증을 받은 지 3개월 만에 첫 관급 계약이 체결됐다. 단지 숫자의 변화만이 아니었다. 그녀 스스로가 달라졌고, 조직이 변했고, 고객과의 대화가 달라졌으며, 무엇보다 스스로에 대한 해석이 달라졌다.

나는 이 과정을 보며 확신했다. 여성기업 인증은 특혜가 아니다. 그것은 스스로 증명한 사람에게만 주어지는 자격이다. 지금 이 제도는 여성이라는 이름을 위한 제도가 아니라, 여성이라는 이름으로 책임을 짊어진 사람을 위한 제도다.

KEY POINT

- 여성기업 인증은 여성이 이름만 올려놓은 것으로는 불가능하다. 실제로 여성 대표가 회사를 운영하고 있다는 증거(의사결정, 현장관리, 전문지식 등)를 보여줘야 한다.

- 심사에서는 서류보다 '말하는 능력'이 중요하다. 자신의 사업, 제품, 운영방식을 대표 스스로 설명할 수 있어야 하며, 준비되지 않은 대표는 금방 드러난다.

- 지분 50% 이상을 여성이 소유해야 한다. 법적 요건을 갖추더라도 실제 운영에서 남성 주주나 가족의 영향력이 크다면 인증받기 어려우므로, 실질적인 경영 증거를 보여주는 것이 핵심이다.

Quick Reference

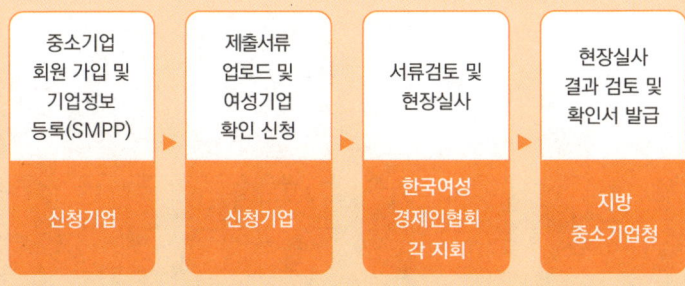

여성기업 인증조건

법인사업자
- 여성이 회사의 대표, 최대출자자이어야 함
- 주식회사·유한회사·합자회사·합명회사·유한책임회사 등 상법상 회사
- 남성과 공동대표일 경우 여성이 남성보다 많은 지분을 가지고 있어야 함

개인사업자
- 여성이 대표인 개인사업자
- 남성과 공동대표일 경우 여성이 자본, 수익분배 최대비율임이 확인 가능해야함

협동조합
- 협동조합 법에 따른 협동조합, 사회적 협동조합, 소비자생활협동조합법에 의한 소비자생활협동조합
- 총 조합원 수 과반수가 여성, 총 출자좌수의 과반수를 여성인 조합원이 출자
  → 이사장이 여성인 조합원, 이사장 포함한 총 이사의 과반수가 여성인 조합원

(주)한국중소기업지원단

여성기업확인서 발급 과정

중소기업 회원 가입 및 기업정보 등록(SMPP)	제출서류 업로드 및 여성기업 확인 신청	서류검토 및 현장실사	현장실사 결과 검토 및 확인서 발급
신청기업	신청기업	한국여성 경제인협회 각 지회	지방 중소기업청

정부는 '말'이 아닌 '구조'로 설득해야 합니다

Chapter

정부는 '잘난사람'보다 '못난사람'을 찾는다

1 사단법인 시작은 선택이지만 끝은 과정이다 ——————— 150
   마무리도 시작만큼 중요합니다

2 협동조합, 진짜 필요한 사람들만 만든다 ——————— 159
   협동조합, 진짜 필요한 사람들만 만든다

3 처음이었고… 그냥 잠깐 운전했어요 ——————— 166
   음주운전 구제에 감정은 통하지 않았다

4 좋은 아이디어는 돈이 안 된다 ——————— 175
   규제를 넘는 방법

5 그건 인증이 아니라, 회사를 다시 짜는 일이었다 ——————— 184
   CCM인증에 대해서

사단법인,
시작은 선택이지만 끝은 과정이다

마무리도 시작만큼 중요합니다

설립은 선택이지만, 해산은 과정이다

그는 무거운 표정으로 나를 찾아왔다. "대표님, 이 사단법인은 이제 활동이 거의 없으니 정리하려고 합니다." 나는 조심스럽게 대답했다. "정리라고요? 단순히 문을 닫는 걸 말씀하시는 건가요?" 그의 말투는 담담했지만, 준비된 흔적은 없었다. 그는 '폐업'이라는 말을 가볍게 꺼냈지만, 사단법인은 일반 기업과 달리 감정이나 의사만으로 사라질 수 있는 구조가 아니었다. "총회 같은 건 안 해도 되죠? 어차피 다들 활동도 안 하고…." 그 순간 나는 이 해산이 단순한 행정 절차가 아니라, 조직이 '사라진다'는 것을 사회적으로 증명해야 하는 복잡한 여정이 될 거라는 걸 예감했다.

그는 공익성을 목적으로 'H운동본부'라는 이름의 사단법인을 운영 중이었다. 하지만 현실은, 한 사람에게 집중된 운영과 점점 줄어드는 활동, 그리고 형식적으로 유지되는 조직뿐이었다. 특히 이 법인은 사단법인 설립 외에도 비영리 민간단체로 등록되어 있었고, 이제는 두 가지 지위를 모두 정리해야 하는 상황이었다. 무엇보다 그는 동일한 명칭의 재단법인을 함께 운영하고 있었고, 이제는 효율성과 운영의 간소화를 위해 하나만 남기기로 마음먹은 상태였다.

문제는 바로 거기서 시작되었다. 사단법인은 사람 중심의 조직이다. 즉, 법적으로는 총회의 결의 없이 임의로 법인을 정리할 수 없으며, 심지어 법인이 '멈춰 있다'는 상태만으로도 해산 요건이 되지 않는다. 나는 그에게 차분히 설명했다. "사단법인의 해산은 '폐업'이 아니라 '법적 종료'입니다. 등기부 정리, 지자체 해산 신고, 청산절차, 기본재산 귀속까지 단계적으로 처리해야 합니다. 그리고 비영리 민간단체로도 등록되어 있다면, 그것도 별도로 해지해야 합니다." 그는 잠시 말을 잇지 못했다. 그가 예상했던 '정리'라는 말 속에는, 그런 구조와 책임의 무게는 없었다.

그날 상담이 끝날 무렵, 그는 조용히 물었다. "그럼…. 설립보다 복잡한 게 해산이라는 말씀이시군요?" 나는 고개를 끄덕였다. "법인은 문을 여는 것보다, 존엄하게 닫는 일이 훨씬 어렵습니다. 그리고 그것이 '공익'을 표방했던 조직일수록 더 그렇습니다." 그는 말없이 고개를 끄덕였지만, 그 표정 안엔 처음 설립할 때 느꼈던 설렘보다 훨씬 더 묵직한 감정이 담겨 있었다.

그의 해산은 아직 시작조차 하지 않았다. 하지만 나는 이미 알고 있었다. 이 정리는 단순한 폐업이 아니라, 책임에 대한 마지막 응답이 될 것이라는 걸.

그는 해산을 결의하기 위한 총회 소집 공문을 보내면서 처음으로 한참을 머뭇거렸다. "다들 몇 년째 연락도 안 했고, 회비도 끊긴 지 오래예요. 이런 상황에서도 회의를 해야 하나요?" 나는 조용히 고개를 끄덕였다. "사단법인은 지금이라도 그 '형식'을 갖춰야만 합니다. 그게 조직이 '사라질 자격'을 얻는 방식입니다."

총회는 어렵게 열렸다. 참석자 이사 5명. 한때 수십 명이 넘는 회원이 있었지만, 그날은 한 명씩 이름을 부르며 간신히 성원을 채웠다. 그는 서류를 꺼내들고, 차분히 말했다. "이 법인을 해산하겠습니다. 그간 함께해주신 모든 분들께 감사드립니다." 그 말이 끝났을 때, 회의실은 짧고 무거운 침묵에 잠겼다. 누군가는 고개를 숙였고, 누군가는 아무 말 없이 동의서에 도장을 찍었다. 그것은 시작보다 더 조용하고, 더 엄숙한 마침표였다.

해산등기 절차는 생각보다 복잡했다. 해산 사유 증빙, 정관상 해산 조항 확인, 공증 여부 판단, 이사의 사임과 청산인의 선임, 등기소의 요구사항은 줄줄이 이어졌고, 서류 한 장이 누락될 때마다, 그는 다시 시청과 법무사무소를 오가야 했다. 주무관청에도 해산총회공고, 해산총회 회의록, 계좌잔액, 청산인 선임 등 관련 자료를 신고해야 했다.

그는 어느 날 조용히 말했다. "그냥 없던 일로 하고 싶을 때가 있어요. 그냥 안 하고, 가만히 두면 알아서 사라질 수는 없나요?" 나는 조용히 고개를 저었다. "사단법인은 사람 중심의 조직이라, '조용한 사라짐'을 허락하지 않아요. 책임은 끝날 때까지 서류로 남고, 행정은 모든 끝을 증명하라고 요구합니다."

그는 조금씩 달라지기 시작했다. 과거엔 '사업계획서'만 쓰던 손으로 '잔여재산 처리계획서'를 작성했고, 활동보고서를 쓰던 페이지에 '해산공고문'을 올렸으며, 단체 소개서가 있던 자리에 '청산인의 인사말'을 올렸다. 이 모든 서류는 해산신고 시 주무관청에 제출해야 하는 필수 서류들이었다.

해산신고를 제출한 후, 다음 단계는 채권자들에 대한 공고였다. 법인에 혹시라도 채권이 있을 경우, 이를 변제해야만 청산절차를 진행할 수 있었다. 나는 그에게 설명했다. "채권 추심을 위한 공고를 2개월 내에 3회에 걸쳐 일간신문에 게재해야 합니다. 채권자가 있다면 이 기간 동안 신고하게 되고, 그 채권을 모두 변제해야 청산이 가능합니다." 다행히 이 법인은 부채가 없었기에, 공고 절차만으로 이 단계를 마무리할 수 있었다.

그 다음은 잔여재산의 처리였다. 남아 있던 회비와 후원금, 사무용품 등 모든 재산에 대한 처분계획서를 작성하고, 다시 한 번 임시총회를 열어 결산보고와 함께 잔여재산 처분방법을 결정해야 했다. "또 총회를 해야 하나요?" 그의 물음에 나는 고개를 끄덕였다. "잔여재산 처분은 법인의 마지막 의사결정입니다. 어디로, 어떻게 인도할지를 회원들과 함께 결정해야 합니다."

그는 지정된 단체에 잔여재산을 이체하고, 기부 확인서를 받아 주무관청에 제출했다. 공익단체로서 받은 모든 후원금, 남아 있던 장비, 남은 회비 통장은 그렇게 기록과 함께 떠나갔다. 그는 말했다. "이 돈을 어디로 보낼지를 결정하는 게, 설립보다 더 어려웠어요. 누구의 이름으로 무엇을 남겨야 할지를 고민하게 되더라고요."

모든 채권 변제와 잔여재산 처분이 완료된 후, 청산종결 총회를 열어 최종 결산을 보고하고, 그 회의록을 가지고 법원에 청산종결등기를 신청했다. 등기가 완료되자, 그는 등기부등본을 들고 주무관청에 청산종결신고를 했다. 이로써 사단법인으로서의 모든 절차가 마무리되었다.

하지만 아직 하나가 더 남아 있었다. "대표님, 이 법인은 비영리 민간단체로도 등록되어 있습니다. 사단법인은 청산됐지만, 민간단체 지위는 별도로 해지해야 합니다." 담당 공무원의 안내에 따라, 그는 비영리 민간단체 등록 해지를 위한 청문절차를 신청했다. 청문회 날짜가 잡히고, 정해진 절차에 따라 청문회가 진행된 후, 마침내 비영리 민간단체로서의 지위도 말소되었다.

청산종결신고를 마무리하고 나올 때, 그는 깊게 숨을 들이쉬었다. 등기부등본에서 사단법인의 이름이 사라졌다는 것, 단체번호가 말소되었다는 것, 회계상 잔여재산이 귀속처로 이관되었다는 것, 모든 게 문서로 정리되었지만, 그는 여전히 마음 한쪽에 말로 설명되지 않는 묵직한 감정을 지니고 있었다. 정리한 것은 종이였지만, 끝낸 것은 시간과 관계, 책임이었다.

해산 공고는 단체 홈페이지에 30일 동안 게시되었고, 그 마지막 날, 그는 공지 글 아래 이렇게 덧붙였다. "이 단체가 존재했던 시간은, 누구의 것도 아닌 우리가 함께 만든 것이었습니다. 그리고 이제, 저는 그 시간에 인사를 드립니다. 감사했고, 죄송했고, 끝까지 책임지고 싶었습니다."

그는 단체가 해산되었다는 말보다, '누군가의 기억 속에서 이 단체가 좋은 이름으로 남기를 바란다'는 말을 더 오래 준비했다.

그는 내게 이렇게 말했다. "설립할 땐 이름을 어떻게 알릴까만 고민했는데, 지금은 이 이름이 어떻게 기억될까가 더 중요해졌네요." 나는 고개를 끄덕였다. 공익법인은 폐업이 아니다. 그건 사회를 향해 했던 약속을 정리하고 증명하며 퇴장하는 행위였다.

그는 사단법인을 끝냈지만, 그 끝을 설계한 방식이, 그 이름을 존중하는 방식이었다. 그날 이후, 그는 조용히 개인 이름으로 다시 활동을 시작했다. 단체는 사라졌지만, 그가 지켜온 가치와 태도는 남았다.

누군가는 물었다. "그 힘든 걸 왜 그렇게까지 하셨어요?" 그는 웃으며 말했다. "이왕 떠날 거라면, 제 이름으로 끝내고 싶었거든요. 그게, 제가 만들었던 이 조직에게 해줄 수 있는 마지막 예의였어요."

KEY POINT

- 사단법인 해산은 복잡한 단계별 절차를 거쳐야 한다. 해산총회 결의 → 청산인 등기 → 해산신고 → 채권자 공고(2개월 내 3회) → 잔여재산 처분 → 청산종결총회 → 청산종결등기 → 청산종결신고의 순서를 반드시 따라야 한다.

- 비영리 민간단체 등록이 별도로 있다면 추가 해지가 필요하다. 사단법인 청산과는 별개로 청문절차를 거쳐 민간단체 등록을 해지해야 하며, 이는 담당 부서가 다르므로 별도 신청이 필요하다.

- 형식적으로라도 절차를 지켜야 한다. 오랫동안 활동이 없었더라도 정관에 따른 총회 소집과 결의, 해산 공고 등의 과정을 반드시 거쳐야 하며, 이는 사단법인이 가진 공적 책임을 마무리하는 필수 과정이다.

Quick Reference

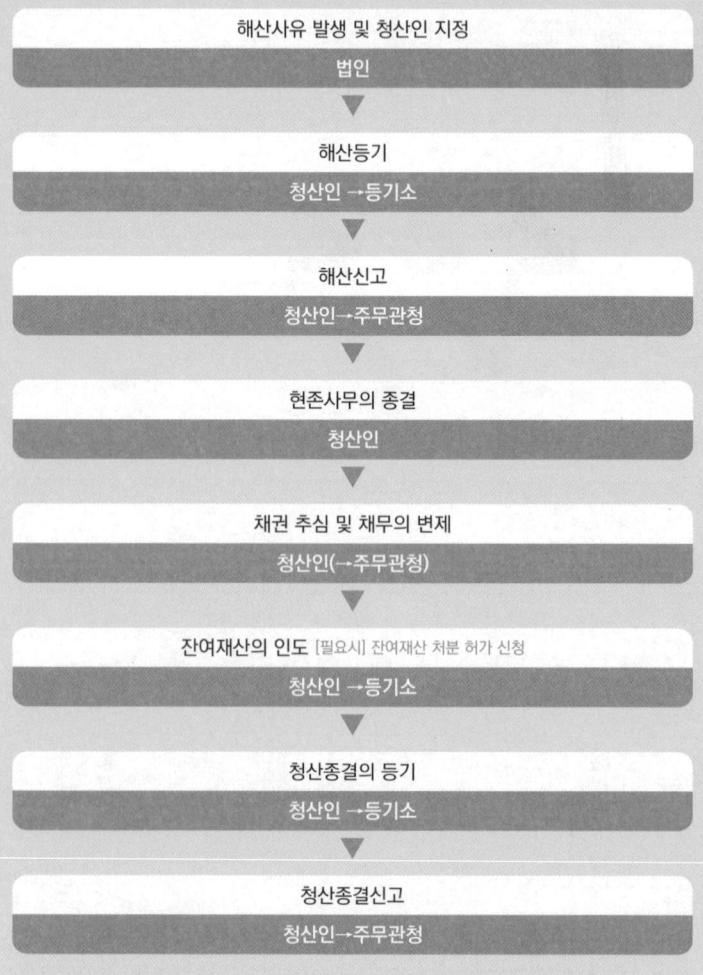

* 해산등기 및 청산종결등기 후 청산인은 지체없이 주무관청에 해산신고 및 청산종결신고를 각각 순차적으로 이행

협동조합,
진짜 필요한 사람들만 만든다

난지도 도선사업 이야기

우리는 그냥 배를 띄우고 싶었던 게 아니었다

전화는 조용하고 단단한 목소리로 시작되었다. "선생님, 우리 섬 사람들이…. 배를 좀 띄워보려고요." OO 서해안의 외딴 섬, OO도에서 걸려온 그 전화는 단순한 해운 면허 상담처럼 들렸지만, 듣고 있을수록 그것은 '교통수단'의 문제가 아니라 섬 사람들의 권리와 일상에 대한 회복 선언처럼 느껴졌다.

그들은 말했다. "우리 섬인데, 우리가 왜 우리 일정도 못 정하죠?" 수년 동안 해운 독점 업체 하나가 여객선과 도선을 모두 장악하고 있었고, 그 배가 없으면 병원도, 물자 이동도 모두 '다음 기회'를 기다려야 했다. 섬은 섬 사람들의 것이 아니었다.

주민 12명이 처음으로 모였다. 한 분이 말했다. "이왕이면 협동조합으로 하자. 우리 모두가 주인인 게 맞지 않겠나." 나는 그 말을 아직도 기억한다. '이 사람들은 단지 배를 띄우고 싶은 게 아니구나. 자신들의 리듬으로, 자신들의 마을을 운행하고 싶은 거구나.'

문제는, 그들이 대부분 고령자였다는 점이었다. 서류는 낯설었고, 법은 멀었고, 관공서에 전화 한 번 넣는 일조차 누군가에겐 '큰일'이었다. "선생님이… 직접 섬에 와주실 수 있나요?" 나는 망설이지 않았다. "물론이죠. 같이 해봐요."

그렇게 나는 짐을 챙겨 OO도로 향했다. 마을회관에 도착하자, 어르신들이 동그랗게 둘러앉아 나를 기다리고 있었다. 누군가는 쑥스러운 듯 말했다. "이 나이에 우리가 무슨 협동조합을 한다고…." 하지만 그 말에는 웃음보다 조용한 결심이 먼저 깃들어 있었다.

회의는 2시간 넘게 이어졌고, 우리는 초안 정관을 만들고, 설립 발기인을 정하고, 조용히 도선사업이라는 단어를 꺼내기 시작했다. 그날 밤, 섬은 아주 고요했지만, 나는 확실히 느낄 수 있었다. 이 섬은 지금, 한 걸음 앞으로 나아가고 있다는 걸.

다음 만남은 섬이 아니라 육지였다. 그날 주민 셋이 처음으로 지역 시내에 나왔다. 정장을 입은 사람, 손에는 서류가방 대신 묵직한 쇼핑백을 들고 있었다. 협동조합 설립을 위해서는 먼저 쿱(coop)이라는 협동조합 지원기관을 통해 서류 검토와 상담을 받아야 했다. 이 기관에서 정관 작성, 필요 서류 안내, 설립 절차 등을 도와주었고, 모든 검토가 끝난 후에야 시청에 최종 신고서를 제출할 수 있었다. 어르신들은 서툴게 명단을 정리하고 도장을 찍었다. 어느 순간, 나는 그들보다 더 긴장한 내 손을 보며 묘한 울컥함을 느꼈다. 이건 행정이 아니라 한 시대가 움직이는 느낌이었다.

하지만 문제는 그때부터였다. 도선사업 면허를 받기 위해 해양경찰서 담당자를 만났을 때, 우리는 생각보다 더 높은 벽과 마주쳤다. "협동조합 명의로 도선면허를 받는 것은… 전례가 거의 없습니다." 말은 정중했지만, 그 안에는 사실상 불가라는 의미가 스며 있었다.

협동조합 발기인 안에 선장님이 계셨으며 같이 의논하여 운항 경로, 선박 스펙, 보험 요건, 안전요원 채용, 항만 시설 확보 조건…. 매 항목마다 '조건 미비', '추가 서류 요청', '면담 후 재검토'라는 회신이 돌아왔다. 그는 말했다. "이거, 그냥 포기하자는 뜻은 아니죠?" 나는 웃지 못했다.

회의는 점점 조용해졌다. 어르신들은 자꾸 주변을 둘러보며 말을 아꼈고, 하루는 한 분이 이렇게 말했다. "선생님, 우리는 배가 안 되면…. 그냥 작게라도 수산물 공동판매 같은 걸 먼저 해볼까요?" 그 말은 단념이 아니었다. 지금 당장은 할 수 없는 걸 알지만, 멈추지 않겠다는 의지의 다른 형태였다.

결국 선박회사와의 계약은 무산됐다. 도선사업 면허는 더 이상 유효한 목표가 아니었다. 대신 우리는 회의를 다시 열고, 이전 선박운행을 위한 사업 대신에 수산물 판매를 위한 사업으로 정관의 목적사업을 변경하여 '섬 주민을 위한 생활협동조합'이라는 이름으로 수산물 공동판매, 물류 공동구매, 그리고 미래의 도선운송 가능성을 열어두는 방향으로 정관을 다시 썼다.

하나 둘, 주민들이 다시 입을 열기 시작했다. "처음엔 도선사업회사 한다니까 무섭더만…. 이건 우리 일 같아요." "배는 못 띄워도, 우리가 잡은 고기는 우리가 팔 수 있잖아."

그날의 회의는 이상하게 따뜻했다. 우리는 배를 띄우진 못했지만, 이 섬이 자기 일처럼 움직이기 시작했다는 걸 느낄 수 있었다.

협동조합 설립 신고증을 받으러 가던 날, 그는 조심스럽게 말했다. "이거, 뭐라도 기념해야 되는 거 아닌가요?" 나는 웃으며 고개를 끄덕였다. 그 말에는 행정적 성취보다 훨씬 깊은 감정이 담겨 있었다. 그들은 이 섬에서 처음으로 '자기 이름으로 등록된 조직'을 가진 사람들이었다.

서류는 얇았지만, 그 속에는 몇 달간의 회의, 정관 수정, 선박회사와의 좌절, 그리고 다시 이어붙인 동력들이 한 줄 한 줄 담겨 있었다. 서울도 아니고, 시청도 아니고, 작은 읍내 건물 3층에서 그들의 이름이 찍힌 조합 신고증을 받는 그 장면은 어쩌면 배를 띄운 것보다 더 큰 감정의 진동을 주었다.

이름은 '00도 생활협동조합'. 이제 그들은 도선은 띄우지 못하지만, 수산물 공동판매를 시작했고, 같은 냉동차량을 불러 섬에서 잡은 생선과 해산물을 한 번에 실어 보냈고, 공동구매로 사온 어구와 양식 자재가 마을 골목마다 나눠지기 시작했다.

처음 그 협동조합의 이름을 듣고도, 아무도 크게 말하지 않았다. 하지만 어느 날 누군가가 이렇게 말했다. "그래도 이제는 우리가 우릴 위해 만드는 게 생겼잖아." 그 말은 박수도 없었고, 눈물도 없었다. 그냥 섬이, 천천히 자기 언어로 말하기 시작한 거였다.

나는 마지막으로 섬을 나오는 배에서 그들을 돌아봤다. 그들은 여전히 작고 조용했고, 어떤 건 여전히 불편했고, 도선사업은 여전히 불가능해 보였다. 하지만 확실한 건, 이제 이 섬에는 멈추지 않는 구조가 생겼다는 것.

그건 협동조합이라는 이름이 아니라, 함께 책임질 준비가 된 사람들의 얼굴에서 보였다.

KEY POINT

- 협동조합은 '함께 소유하고 함께 결정하는' 구조다. C섬 주민들이 보여준 것처럼, 비록 도선사업 면허는 얻지 못했지만 '우리 섬은 우리가 결정한다'는 주인의식을 조직화하는 데 성공했다.

- 협동조합 설립 시 지원기관의 도움이 중요하다. 쿱(coop) 같은 협동조합 지원기관에서 정관 작성, 서류 검토 등을 도와주며, 모든 준비가 완료된 후 시청에 최종 신고서를 제출하는 절차를 거친다.

- 계획이 변경되어도 포기하지 않는 유연함이 중요하다. 처음 목표했던 도선사업이 어려워지자 수산물 공동판매로 정관의 목적사업을 변경하며 현실적인 대안을 만들어낸 것이 성공의 열쇠였다.

- 협동조합의 진짜 가치는 서류가 아닌 사람들의 변화에 있다. "우리가 우릴 위해 만드는 게 생겼다"는 인식의 전환이 섬 주민들의 자립심과 공동체 의식을 강화했고, 이것이 협동조합의 진정한 성공이다.

Quick Reference

일반협동조합	• 조합원 필요 충족 • 5명 이상이 모여서 설립 가능 • 4가지 무형
사업자 협동조합	• 사업자 수익창출을 위한 공동판매 • 공동자재구매 • 직원이 직접 조합을 소유/관리/일자리 마련 등
다중이해관계자 협동조합	• 다양한 이해관계자의 복리증진 등에 기여
직원 협동조합	• 직원이 직접 조합을 소유/관리/일자리 마련 등
소비자 협동조합	• 조합원의 소비생활 향상을 위한 물품의 공동구매 또는 서비스 공동이용
사회적협동조합	• 사회적 목적 실현, 비영리법인, 다중이해관계자로 구성
의료복지 사회적 협동조합	• 의료의 공공성 실현, 비영리법인, 조합원 500명 이상, 출자금 1억 원 이상 모아야 설립 가능
협동조합 연합회	• 협동조합 공동이익 도모, 협동조합 또는 사회적협동조합 3곳 이상이 모여 설립 가능

정부는 '잘난사람'보다 '못난사람'을 찾는다

처음이었고…
그냥 잠깐 운전했어요

음주운전 구제에 감정은 통하지 않았다

혹시… 음주운전 구제도 해주시나요…?

그녀는 전화를 걸자마자 한동안 말을 잇지 못했다. 숨을 깊게 고르는 듯한 정적이 흘렀고, 이내 조심스레 입을 열었다. "저… 혹시 음주운전 구제 같은 것도 상담해주시나요…?" 그 말끝은 점점 작아졌고, 말보다 길게 이어진 침묵에서 그녀의 불안과 죄책감이 함께 묻어났다. 나는 그 순간이 낯설지 않았다. 이 일을 하며 그런 전화를 여러 차례 받아왔고, 특히 여성 의뢰인들은 늘 비슷한 말투와 조심스러운 어조로 내게 다가왔다. 나는 늘 그 무게를 느끼고 있었다. 단지 법률적 절차만 설명하는 사람으로 남고 싶지는 않았고, 같은 여성이자 상담자로서 조금은 따뜻하게 받아주는 사람이 되고 싶었다. 적어도 내 앞에서는 편하게 말할 수 있게, 그런 공간을 만들어주고 싶었다.

하지만 이 주제는 달랐다. 나는 아주 짧은 시간 안에 판단을 내렸다. "구제요? 거의 불가능합니다 (음주운전 관련 구제는 전체적으로 인용률이 10% 미만으로 매우 낮으며, 혈중알코올농도 수치가 낮고 초범인 경우, 운전이 생계에 직접적인 영향을 미친다는 점 등이 종합적으로 고려되더라도 인용 여부는 불확실한 상황이다.) 영화 같은 확률이에요. 현실은, 냉정합니다." 그렇게 말하는 나 자신조차 차갑게 느껴졌지만, 이 영역만큼은 예외 없이 현실을 먼저 말해야 한다고 생각했다. 음주운전 구제는, 흔히 말하는 다른 민원성 처분과는 결이 완전히 다른 사안이었다. 대다수의 행정처분은 사정을 참작해 조정할 여지가 있지만, 음주운전은 예외다. 단 한 번의 실수라 해도, '실수'로 봐주는 법이 존재하지 않는다. 제도는 그 점에서 무자비할 정도로 단호하다.

나는 그 이유를 안다. 윤창호법 이후, 사회는 이 문제에 대해 무관용을 선택했다. 혈중알코올농도 0.03%만 넘어도 제재 대상이 되고, 2회 적발 시 면허는 영구취소된다. 심지어 사고가 없더라도 단속에 걸리는 순간 처분은 내려지며, 행정심판위원회는 대부분의 이의제기에 대해 검토 자체를 하지 않는다. 사유 불문, 일괄기각. 누가 타라고 했는지, 왜 마셨는지, 집이 코앞이었는지, 그런 설명들은 현실에서 아무런 힘을 발휘하지 못한다. 그것이 현장의 분위기였고, 제도의 태도였다.

그녀의 목소리는 다시 작아졌다. "저도 알고 있어요…. 그래도 혹시나 해서…." 나는 침묵을 지키다가 조심스럽게 물었다. "처음이세요?" 그녀는 고개를 끄덕였고, 나는 다시 물었다. "정황은요? 누구랑 있었고, 어디까지 운전하셨는지…." 그녀는 한참을 머뭇이다가 대답했다. "직장 회식이었고요, 차를 옮겨 달라고 해서…. 그냥 3미터 정도만, 골목 안쪽으로…." 나는 고개를 끄덕였지만, 표정은 바뀌지 않았다. 그건 사정일 수는 있어도, 아직 입증은 아니었다.

이 일은 감정을 위로해주는 방식으로 접근하면 안 된다. 위로는 순간의 따뜻함일 수 있지만, 현실을 직시하지 못하게 만들 수 있기 때문이다. 나는 그날 밤, 그녀가 남긴 말과 목소리의 울림을 오래도록 곱씹었다. 따뜻하게 안아주고 싶은 마음과, 선을 지켜야 한다는 이성 사이에서 나는 천천히 중심을 잡아갔다. 상담을 마친 뒤, 나는 그저 혼잣말처럼 이렇게 되뇌었다. "이건 해달라고 사정한다고 되는 일이 아니다. 처음부터 하지 말았어야 했다."

입증 없는 해명에는 흔들리지 않는다

나는 상담을 마친 뒤, 책상에 앉아 조용히 문서를 정리했다. 그날 그녀가 한 말들이 자꾸 마음에 남았다. '단지 차를 골목 안으로 조금 옮겼을 뿐'이라는 설명은 얼핏 들으면 억울해 보일 수 있었다. 하지만 이 일은 억울함의 설계가 아니라, 입증의 구조로만 판단되는 영역이다. 나는 문득 몇 해 전 서울시 행정심판위원회의 사례 하나가 떠올랐다. 혈중알코올농도 0.031%, 면허정지 100일에서 60일로 감경된 판례. 그 사건에서도 운전 거리는 2~3미터에 불과했고, 목적은 도로 위 방치된 차량의 이동이었다. 하지만 감경은 '처벌의 철회'가 아니었다. 정지 100일에서 60일로 바뀐 정도, 그것이 감경의 최대치였고, 그마저도 판결문에는 이렇게 명시되어 있었다. "어떤 사유로도 음주운전은 정당화될 수 없으며, 본 건은 정황상 극히 제한적으로 감경한 것일 뿐 처벌의 정당성은 명확히 유지되어야 한다."

나는 그 사례를 되새기며 생각했다. 누군가의 억울한 설명이 감정을 흔들 수는 있지만, 행정심판위원회는 흔들리지 않는다. 왜 마셨는지, 누가 부탁했는지, 단 몇 미터였는지, 아이가 있었는지, 급한 상황이었는지. 그런 요소는 모두 설명이지만, 입증이 아니다. 감정은 종종 설명을 대체하려 하지만, 이 구조 안에서는 아무런 역할을 하지 못한다. 그녀처럼 간절하게 말하는 사람들을 나는 여러 번 만났다. 대개는 "마지막 희망이라도 붙잡고 싶어서…."라는 말로 상담을 시작한다. 하지만 나는 이 일에서 '희망'이라는 단어를 가장 경계한다. 오히려 거짓 희망은 가장 잔인한 말일 수 있다는 걸, 이 일을 오래 하며 배웠기 때문이다.

인터넷엔 여전히 루머들이 떠돈다. "행정심판 넣으면 다 줄여준다더라." "요즘은 생각보다 감경 잘 된다더라." 나는 그런 말을 들을 때마다 한숨을 쉰다. 감경이 존재하는 건 사실이지만, 그 확률은 기적에 가깝고, 실제로 감경된 사례조차 '취소→정지'가 아니라 '정지→조금 짧은 정지'일 뿐이다. 그마저도 철저히 구조화된 입증이 없으면 불가능하다. 그런데 사람들은 현실보다 광고에 먼저 반응한다. '성공사례 수십 건!'이라는 말에 기대고, '불가능은 없다'는 문구에 기대를 품는다. 그들은 아직, '가능'이란 단어가 얼마나 냉정한 설계를 전제로 하는지를 모른다.

그녀는 다시 나를 찾아와 상담을 요청했다. "혹시 입증할 수 있는 부분이 있다면, 같이 정리해주실 수 있을까요?" 나는 고개를 끄덕였지만, 대답은 여전히 같았다. "가능은 아주 낮지만, 시도해볼 순 있습니다. 하지만 저는 거짓 희망은 드리지 않아요." 그녀는 잠시 멈칫했지만, 이내 조용히 말했다. "그 말이… 오히려 안심이 돼요." 나는 그 순간, 내가 어떤 선택을 해야 하는지를 다시 확인했다. 따뜻한 말보다, 명확한 설명. 위로보다 구조. 나는 그녀의 감정선을 부드럽게 끊으면서도, 완전히 외면하지 않는 방식으로 말끝을 맺었다. "이 일은, 내가 설득해야 하는 상대가 감정이 아니라 제도라는 걸 기억하셔야 해요."

그녀는 고개를 끄덕였지만, 눈빛은 여전히 불안했다. 그건 '혹시나'에 대한 희망이라기보다, '이미 저지른 일에 대한 무력감'이 더 컸을지도 모른다. 그리고 나는 그런 마음의 결을 감싸 안지 않고, 다만 외면하지 않는 선에서 받아들일 수밖에 없었다. 이 일은 그렇게, 감정의 절벽 앞에서 서 있는 사람을 구조하되, 뛰어들지 않고 줄을 건네는 일에 가까웠다.

희망 대신 현실을 전하는 일

며칠 후, 그녀에게서 마지막 전화가 왔다. 목소리는 이전보다 단단해져 있었고, 더 이상 떨리지 않았다. "혹시 결과 나오면, 다시 연락드려도 될까요?" 나는 조용히 "그럼요"라고 답했지만, 마음속에서는 이미 알고 있었다. 가능성은 희박했고, 설사 결과가 나왔더라도 그것은 결코 '기대'의 이름으로 불릴 수 없는 것이라는 걸. 나는 그런 사실을 감춘 적도, 둘러댄 적도 없었다. 그녀도 그것을 알기에, 우리 사이의 마지막 통화는 오히려 담백하고 깔끔했다.

그녀와의 상담은 오래도록 내 마음에 남았다. 감정은 있었지만, 동요는 없었다. 그건 단지 내가 전문가라서가 아니라, 이 일이 끝없이 선을 요구하는 일이기 때문이었다. 감정을 알지만 끌려가지 않아야 하고, 사정을 들으면서도 기준을 흐리지 않아야 하며, 누군가의 잘못을 듣고도 그것을 판단이 아닌 사실로만 받아들여야 하는 자리. 행정사란 그저 문서를 만드는 사람이 아니다. 제도의 경계에서 사람의 말을 구조화하여, 그것이 제도 안으로 들어올 수 있을지 판단하는 사람이다.

나는 종종 나 자신에게 묻는다. "이 일이 정말 사람에게 도움이 되는 일일까?" 사람들은 나를 찾을 때, 대부분 간절함을 안고 온다. 하지만 나는 그 간절함을 들어주는 사람이 아니라, 간절함이 '가능'이라는 단어로 바뀔 수 있는지를 따지는 사람이다. 어떤 날은 그것이 야속하게 느껴지기도 하고, 또 어떤 날은 내가 너무 차가운 사람처럼 느껴질 때도 있다. 하지만 그녀의 마지막 한 마디가 내게 길게 남았다. "다른 곳에서는 괜히 기대만 주더라고요. 행정사님은… 그래도 현실을 말해주셔서 좋았어요."

나는 그 말을 곱씹으며, 그날 저녁 일지를 정리했다. 기록 마지막 줄에는 이렇게 적었다. "위로보다 정확함을 주는 일, 그것이 내가 선택한 전문성이다."

누군가는 여전히 음주운전 구제를 광고하고, 성공사례를 자랑하며 사람들의 기대를 부추긴다. 그 속에서 무수한 의뢰인들이 허망한 희망에 시간을 쓰고, 돈을 쓰고, 마지막에는 다시 현실을 마주하며 주저앉는다. 나는 그 길에서 그들을 일으켜 주는 역할을 하지는 못할 수도 있다. 하지만 그들이 굳이 헛된 길을 돌아오지 않게 도와줄 수는 있다. 이 일이 해달라는 부탁을 들어주는 일이 아니라는 것, 바로 그 사실을 미리 말해주는 사람. 나는 그 자리에서 버티고 있다.

그녀가 결과를 알려오든, 그렇지 않든, 내 마음은 변하지 않을 것이다. 음주운전은 설계가 필요한 일이 아니고, 감경이 보장된 제도가 아니다. 그건 애초에 하지 말았어야 할 일이고, 행정사가 개입해도 바꿀 수 없는 규칙이라는 것. 그녀가 이 사실을 받아들인 순간, 그건 오히려 위로보다 더 강한 회복이었을지도 모른다. 그리고 그 회복은, 내 언어에서 시작되었을 것이다.

KEY POINT

- 음주운전은 "처음이에요"나 "잠깐만 운전했어요"와 같은 개인 사정이 통하지 않는 영역이다. 윤창호법 이후 혈중알코올농도 0.03%만 넘어도 처벌되며, 행정심판에서도 대부분 기각된다.

- 행정사는 "가능해요"라는 거짓 희망보다 "거의 불가능합니다"라는 냉정한 진실을 전해야 한다. 인터넷에 떠도는 "행정심판 넣으면 다 줄여준다"는 루머와 달리, 실제 감경 확률은 매우 낮고 폭도 제한적이다.

- 음주운전은 사전에 예방하는 것만이 최선이다. 어떤 이유나 상황이라도 운전대를 잡는 순간 법적 책임이 발생하며, 이후의 구제나 감경은 극히 어려우므로 아예 처음부터 하지 않는 것이 유일한 해결책이다.

Quick Reference

음주운전 행정심판 구제율 통계

음주운전 행정심판의 구제율은 사건의 경중과 개인의 반성 여부, 재발 방지 대책 등에 따라 달라집니다. 다음은 최근 통계 자료를 기반으로 한 음주운전 행정심판 구제율입니다.

구제 유형	구제율(%)
면허정지 처분 취소	25%
면허취소 처분 감경	15%
전체 평균 구제율	20%

※ 구제율은 개인의 상황과 사건의 경중에 따라 차이가 있습니다.

연도	행정심판 인용률
2018년	17.3%
2019년	9.7%
2020년	7.7%
2021년	7.9%
2022년	5.7%

음주운전 행정심판 구제율 높은 사례와 낮은 사례 비교

구제 가능성 높은 사례	구제 가능성 낮은 사례
초범 및 혈중알코올농도 0.03~0.08%	재범 또는 혈중알코올농도 0.2% 이상
진심 어린 반성 및 재발 방지 노력	반성 부족 및 재발 우려 있음
생계형 운전자 (택시, 화물차 기사 등)	음주운전 이력이 다수인 경우

좋은 아이디어는
돈이 안 된다

규제를 넘는 방법

**좋은 아이디어가 현실이 되기 전,
반드시 만나는 이름 하나 – 규제**

그는 반려동물을 동반할 수 있는 프리미엄 카페를 준비하고 있었다. 메뉴는 로스팅 전문가와 개발했고, 공간은 위생과 휴식을 모두 고려한 설계였다. "이 정도면 뭐, 시청에 신고만 하면 되는 거죠?" 그가 처음 내게 말했을 때, 나는 조심스럽게 웃었다. 그 말에는 열정과 자신감이 묻어 있었지만, 동시에 '법이라는 장벽'을 아직 만나지 못한 창업자의 순진함도 느껴졌다.

며칠 뒤, 그는 식품위생법 제36조, 시행규칙 36조 조항을 들고 돌아왔다. "애완동물의 출입이 금지된다고요? 그런데 요즘 다들 반려견 카페 운영하던데요?" 나는 고개를 끄덕이며 조용히 설명했다. "맞습니다. 운영은 합니다. 하지만 '법적으로는 분리되어야 한다'입니다. 그 운영자들은 대부분 규제샌드박스라는 제도 안에서 한시적으로 허가를 받은 상태죠." 그의 얼굴에 낯선 단어의 당혹이 떠올랐다. "규제… 샌드박스요?"

"정부가 새로운 산업을 위해 법의 틀을 임시로 풀어주는 제도입니다. 말 그대로, 아이들이 자유롭게 놀 수 있는 '모래 상자' 같은 곳을 만드는 거죠."

그는 조용히 창밖을 바라보았다. 자신이 꿈꾸던 공간은 법 앞에 멈춰 있었다. '좋은 아이디어라면 사회가 당연히 환영할 줄 알았다'는 믿음, 그 믿음은 이제 "법의 구조를 넘어야만 시장에 설 수 있다"는 새로운 현실 앞에서 해체되고 있었다.

나는 그에게 말했다. "이건 단순한 허가신청이 아니라, 당신이 만든 세계가 왜 이 사회에 필요하고, 왜 예외로 허용되어야 하는지를 국가에 입증하는 과정입니다." 그의 눈빛이 흔들렸다. "그러면…. 저 혼자서는 못 하겠네요." 나는 조용히 미소 지었다. "대부분 그렇게 시작합니다. 하지만 그 벽을 넘는 사람들이 있습니다. 다만, 그들은 아이디어보다 먼저, 구조를 설계한 사람들이었습니다."

그는 규제샌드박스 실증특례 신청서를 처음 마주했을 때, 표정이 굳었다. 기대했던 건 창업지원센터에서 도와주는 간단한 양식 정도였다. 하지만 그의 눈앞에 펼쳐진 것은 마치 정부

지원 R&D 과제와도 같은 복잡한 양식과 요구자료 목록이었다. "서비스에 대한 설명, 사업계획서, 규제특례 필요 사유서, 소비자 보호 방안, 사회적 파급 효과 예상치…. 이게 전부 필요하다고요?" 그는 당황한 듯 물었다. "그냥 강아지랑 커피 마실 수 있는 공간인데, 왜 이 정도까지?" 나는 조용히 대답했다. "지금부터 하려는 건 '사업'이 아니라 '법의 예외를 요청하는 일'이에요. 국가는 좋은 아이디어에 면허를 주지 않습니다. 안전하고 설명 가능한 구조에만 문을 엽니다."

그는 며칠간 아무 연락이 없었다. 그리고 다시 나타났을 때, 눈 밑이 어두웠다. "말씀하신 대로 해보려고 했는데요…. 사회적 효과 부분에서 막혔습니다. 반려동물 복지? 감성적 교감? 이런 건 숫자로 설명이 안 되잖아요." 나는 고개를 끄덕이며 말했다. "그래서 필요한 게 바로 논리의 번역자예요. 감정으로 시작한 사업 아이디어를, 정책 언어로 바꿔야 해요."

우리는 함께 작업을 시작했다. 1인 가구 증가와 반려동물 인구 통계를 자료로 꺼냈고, 기존 유사 시범사업의 평가자료에서 '외부 오염 위험도 관리 기준'을 도출해냈다. 특히 중요했던 건 '이 아이디어가 기존 법을 넘어설 만큼의 가치가 있느냐'를 입증하는 부분이었다. 그는 처음엔 낯설어했지만, 점점 익숙해졌다. 자신의 언어를 제도의 언어로 번역해가는 과정. 그건 마치 감각을 구조로 바꾸는 훈련 같았다.

가장 어려웠던 건 '사업 발전 계획'에 대한 구체적 서술이었다. "반려동물과 사람의 공간을 어떻게 구획할 것인가?" "위생 관리는 어떻게 체계화할 것인가?" 그리고 무엇보다 "이 사업이 향후 2년간 어떻게 발전할 것인가?"

나는 설명했다. "규제샌드박스는 대부분 2년이라는 실증 기간을 줍니다. 1분기에는 기본 운영 체계를 안정화하고, 2분기에는 고객 데이터를 축적하여 서비스를 개선하며, 3분기부터는 새로운 비즈니스 모델로 확장하는 계획을 보여줘야 해요."

그는 분기별 사업계획을 세우기 시작했다. 반려동물 동반 카페를 시작으로, 펫 용품 큐레이션, 동물 행동 교육 프로그램, 나아가 반려동물 친화적 라이프스타일 플랫폼으로의 확장까지. 단순한 카페가 아닌, 새로운 산업 생태계를 만들어가는 청사진을 그려나갔다.

"이제 이해가 되네요. 정부가 원하는 건 단순히 반려동물과 커피를 함께 즐기는 공간이 아니라, 이를 통해 새로운 시장과 일자리를 창출하는 혁신 모델이었군요." 나는 웃으며 고개를 끄덕였다. "그게 규제샌드박스의 본질이에요. 법을 뚫고 나온 아이디어는, 더 이상 '감'이 아니라 '미래 산업의 씨앗'이 되어야 살아남거든요."

규제샌드박스 실증특례 승인서가 도착한 건, 신청 후 약 3개월이 지난 시점이었다. 정부는 분기별로 심사를 진행하고, 한꺼번에 승인 결과를 발표하는 방식이었다. 두 장짜리 공문. 맨 위에는 정부 부처의 로고가 찍혀 있었고, 하단엔 이렇게 적혀 있었다. "귀하의 사업계획은 국민의 안전과 공공의 이익을 저해하지 않으며, 제한된 구역 내에서 실증특례 적용을 허가합니다." 그는 그 문장을 소리내어 읽고는, 말없이 창밖을 오래 바라봤다. '예외를 받았다'는 말보다, '내가 설계한 구조가 법의 판단을 통과했다'는 사실이 더 크게 와닿았다.

며칠 뒤, 그는 카페 시공 현장을 다시 점검했다. 반려동물 출입구와 일반고객 동선을 적절히 구분했고, 손소독제와 배변패드 등 위생 시설을 체계적으로 배치했으며, 사전 예약제와 동물등록번호 확인 시스템까지 도입했다. 모두 규제샌드박스 신청서에서 약속했던 내용이었다. 그는 말했다. "이제 누가 와도, 설명할 수 있습니다. 왜 이렇게 했는지를."

그의 태도는 달라져 있었다. 이전의 창업자는 "이렇게 하면 좋지 않겠어요?"라고 말하던 사람이었다면, 지금의 그는 "이 구조는 법적으로 이렇게 대응하기 위해 설계했습니다"라고 설명하는 사람이었다. 그는 제도의 언어를 배운 사람이 되어 있었다.

카페는 오픈 첫날부터 주목을 받았다. 이미 많은 반려동물 동반 카페들이 규제샌드박스를 통해 운영되고 있었지만, 그의 카페는 달랐다. 단순히 반려동물과 함께하는 공간이 아니라, 체계적인 사업 확장 계획을 가진 플랫폼으로서의 가능성을 보여주었다.

고객은 말보다 시스템을 보았고, 규제를 넘어선 사업은 '위험한 시도'가 아닌 '검증된 모델'로 인식되었다. 실제로 6개월 만에 펫 용품 큐레이션 서비스를 시작했고, 1년 차에는 동물 행동 교육 프로그램을 론칭하여 일반 카페와는 차별화된 수익 구조를 만들어냈다.

그는 인터뷰에서 이렇게 말했다. "규제샌드박스를 통과한다는 것은, 단순히 법적 허가를 받는 것이 아닙니다. 정부와 함께 새로운 산업의 가능성을 실험하는 파트너가 되는 것이죠. 일반 카페보다 훨씬 더 큰 비즈니스 기회가 열립니다."

나는 그의 마지막 문장을 오래 기억하게 되었다. "처음엔 법이 두려웠어요. 지금은, 그 법을 넘어선 덕분에 더 큰 시장을 만들 수 있게 되었습니다."

KEY POINT

- 규제샌드박스는 좋은 아이디어가 법의 벽을 넘을 수 있는 통로다. 반려동물 카페처럼 현행법으로는 불가능한 사업도, 안전성과 공익성을 증명하면 한시적으로 허가받을 수 있는 제도이다.

- 사업 발전 계획이 승인의 핵심이다. 2년간의 실증 기간 동안 분기별로 어떻게 사업을 확장하고 새로운 가치를 창출할 것인지 구체적으로 제시해야 한다.

- 규제를 넘어서면 더 큰 기회가 열린다. 단순한 카페가 아닌 펫 산업 플랫폼으로 확장할 수 있는 가능성을 보여주어야 하며, 이는 일반 사업자와 차별화되는 경쟁력이 된다.

나호진 행정사의 추가 생각

- 규제샌드박스의 경우 굉장히 많은 업종에 적용이 되며 이전 사례를 보며 법적으로 규제되어 있는 부분들을 비집고 들어가 사업화 하기 위해 신청해 볼 수 있다.

- 또 다른 예로는 어플 사업을 할 경우 공유자동차(쏘카 등)는 법적으로 문제 되지 않지만 개인간의 차량공유는 법적으로 제한이 되어있다.(이는 지자체에 따라 다르며 서울시는 제한) 이런 부분도 사업으로 인해 어떤한 파급효과가 발생하는지에 따라 가능할 수 있다.

- 또한 에어비앤비 등 공유숙박 사업이 활성화됨에 따라, 현행 법률상 별도의 인허가 없이 영업을 지속하기 어려운 구조로 변화하고 있습니다. 다만, 일정 요건을 충족할 경우 '규제 샌드박스' 등 실증특례 제도를 통해 일부 법적 요건이 완화되어 허가를 받을 수 있는 가능성도 열려 있다.

Quick Reference

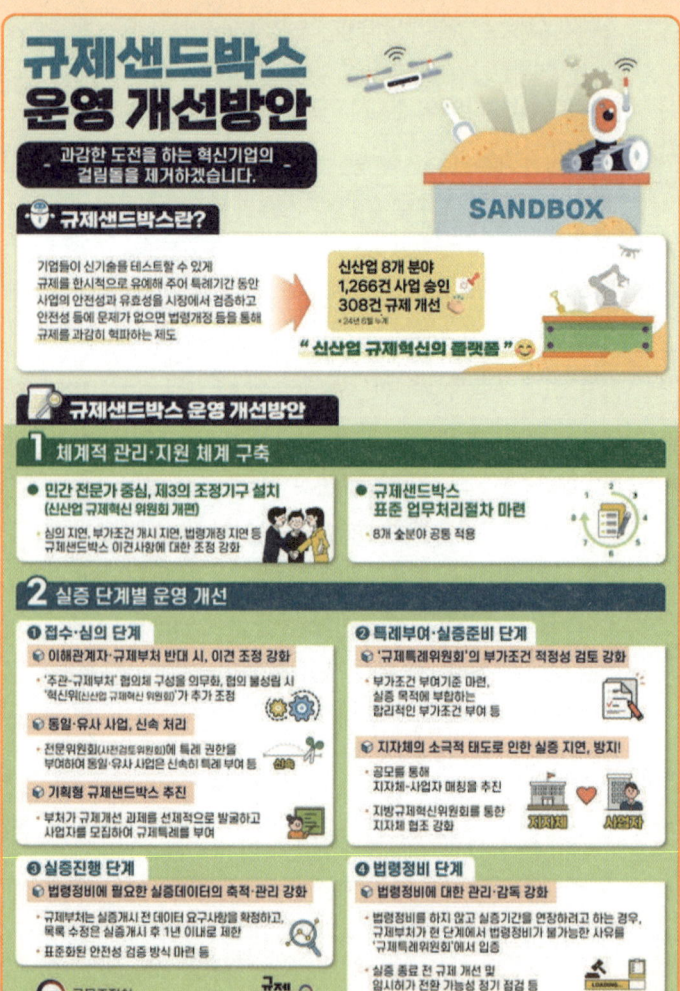

Quick Reference

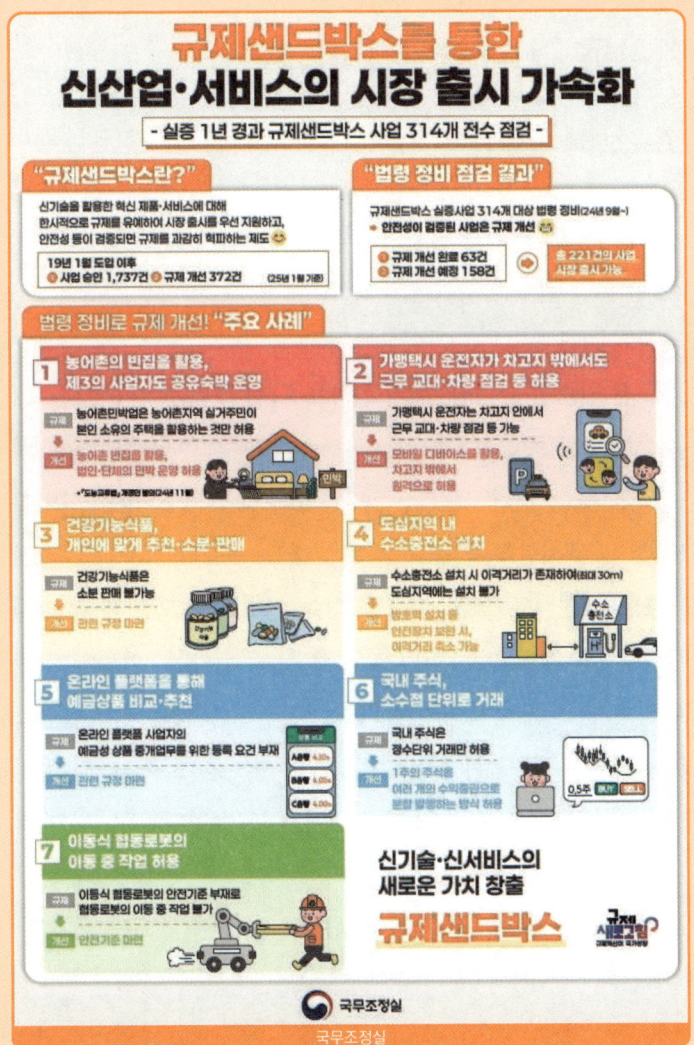

정부는 '잘난사람'보다 '못난사람'을 찾는다

그건 인증이 아니라,
회사를 다시 짜는 일이었다

CCM인증에 대해서

그건 인증이 아니라, 회사 전체를 다시 그리는 일이었다

오후 늦은 시간, 골프장 로비 한쪽에 있는 조용한 회의실 안. 낡은 문서봉투를 들고 들어온 대표는 묵직한 몸을 의자에 기대며 말했다. "CCM 인증을 받아보려고요. 요즘 다들 한다 길래…." 그의 말투는 어딘가 가볍고, 말 끝에는 '어렵진 않겠지'라는 막연한 낙관이 매달려 있었다. 그 옆에는 사무팀장이 앉아 있었고, 탁자 위에는 설명회에서 가져온 브로슈어와 인터넷에서 출력한 자료 몇 장이 뒤섞여 놓여 있었다. 그날의 공기는 차분했지만, 내가 느낀 분위기에는 이상한 균열이 숨어 있었다. 그들은 무언가를 시도하려 하고 있었지만, 그게 '무엇을 뜻하는지'는 잘 모르는 표정이었다.

대표는 말했다. "요즘 소비자들이 인증 같은 거 있으면 더 신뢰한다더라고요. CCM? 그거 받으면 마케팅에도 좋을 것 같고요." 골프장으로 처음 받은 곳이 한군데 있어서 골프장으로는 두번째 인증신청하는 업체이다. 나는 그의 말을 곱씹으며 조심스럽게 물었다. "혹시, CCM이 어떤 절차인지 이미 알고 계신가요?" 그는 멈칫하며 말했다. "고객응대 잘하고, 민원 처리 프로세스 하나 정리하고…. 그 정도 아닌가요?"

그 순간, 나는 마음속으로 고개를 천천히 저었다. '단지 친절하면 되는 인증이라면, 왜 수십 개의 기업이 중간에 포기했을까.' 내 눈앞에 있는 이 회사를 포함해, CCM 인증을 '마케팅 수단'으로 접근한 기업들의 첫 표정은 대부분 이와 같았다. 기대, 가벼움, 그리고 경계심 없는 자신감. 그러나 몇 주가 지나면 그 얼굴은 종이처럼 접힌다. '그 정도가 아니었군요'라는 당황, '이걸 다 해야 하냐'는 회의, 그리고 '이게 도대체 누구를 위한 절차인가'라는 불만이 뒤섞인 복잡한 표정으로 변한다.

그날, 나는 그들에게 아무것도 설명하지 않았다. 대신 작은 질문을 하나 건넸다. "혹시 최근 6개월간 들어온 고객 민원 내역은 정리돼 있나요?" 팀장은 당황한 듯 종이를 넘기다 말고 고개를 저었다. "전화로 다 응대했고요. 따로 문서화는 안 했습니다."
"그럼, 어떤 담당자가 어떤 민원을 어떻게 처리했는지 이력이 남아 있진 않겠네요?"

"그런 건 따로… 필요하다고 생각 못 했어요."

이 작은 질문 하나로, 나는 이 회사의 현재 위치를 확인할 수 있었다. 이들은 '마음을 다하면 된다'는 시대에 머물러 있었고, CCM이 요구하는 '구조화된 소비자 응대 시스템'이라는 미래를 전혀 준비하지 못하고 있었다. 그리고 이 불일치는 곧 현실의 벽으로 나타날 것이 분명했다. 문득 대표의 눈빛이 미세하게 흔들리는 걸 보았다. 그는 어쩌면 처음으로 이 인증이 단순한 종이 한 장짜리 절차가 아님을 느꼈을 것이다.

나는 그날 그들에게 아무 확답도 주지 않았다. 대신 이렇게 말했다. "이건 단지 인증을 따는 작업이 아닙니다. 이건, 회사 전체를 소비자 관점으로 다시 그리는 일입니다."

회의실을 나서는 그들의 뒷모습은 생각보다 무거웠고, 그 순간부터 나는 알았다. 이 변화는 생각보다 훨씬 깊고, 훨씬 더 복잡한 감정의 여정이 될 것이라는 것을.

그 후 몇 달간, 우리는 서류심사를 위한 치열한 준비 과정에 들어갔다. CCM 인증은 서류심사를 먼저 하고, 그 다음에 현장심사를 하는 순서다. 서류의 양은 방대했다. 그동안 고객 응대에 대한 모든 기록, 기업이 보유한 각종 인증서, 지금까지 해온 모든 활동 자료를 모아야 했다.

실무진과 몇 개월 동안 지속적으로 소통하며, 사진과 각종 자료를 수집하고 정리했다. 운영 매뉴얼과 공적기술서, 이 두 가지를 작성해야 했는데, 운영 매뉴얼은 기업 규모에 따라 다르지만 책 한 권 분량이었고, 공적기술서도 100페이지를 넘는 경우가 많았다. 각각의 서식에 맞춰 체계적인 순서대로 작성해야 했다.

서류심사를 제출한 후, 심사위원들은 서류를 검토하고 질의사항을 보내왔다. 이해가 안 되는 부분이나 추가 설명이 필요한 부분에 대한 질문들이었다. 우리는 그 질문들에 대한 답변을 준비하고, 다시 제출했다. 이 모든 과정이 끝나고 나서야 비로소 현장심사 일정이 잡혔다.

현장심사 전에는 또 다른 준비가 필요했다. 고객 의견함, 안내 표시, 민원 처리 절차 안내문 등 현장에 비치되어야 하는 물품들을 모두 준비해야 했다. 고객이 전화로 문의하는지, 직접 방문하는지, 고객카드를 작성하는지 등 모든 채널이 명확히 구분되고 운영되어야 했다.

우리를 바꾼 건 문서가 아니라, 질문이었다

인증 심사를 받은 날은 뜻밖에도 평온했다. 과하게 준비한 자료들, 예상 질문 리스트, 대응 시나리오까지 테이블에 한가득 펼쳐져 있었지만, 심사원은 정작 종이를 뒤적이지 않았다. "실제로 이렇게 하고 계신가요?" 그가 처음 던진 질문이었다. 대표는 잠시 말이 막힌 듯했으나, 이내 천천히 고개를 끄덕이며 대답했다. "네. 이 매뉴얼대로 처리하고 있습니다. 최근 민원 대응 이력도 있습니다."

심사원은 그제야 종이를 한 장 넘기며 다시 물었다. "누가, 언제, 어떤 방식으로?" 대표는 망설이지 않고 설명했다. 그리고 현장심사의 또 다른 특징이 나타났다. 심사원들은 무작위로 직원들에게 전화를 걸어 매뉴얼 숙지 여부를 확인했고, 실제로 고객 응대가 어떻게 이루어지는지 직접 관찰했다.

그 장면을 지켜보던 나는 조용히 숨을 고르며 생각했다. '이 회사가 달라졌구나.' 처음 그들을 만났을 땐 '인증을 받자'는 말이 마케팅 전략처럼 들렸다. 그러나 지금 그 말은 회사 전체가 소비자 앞에서 스스로를 검증하고자 하는 선언처럼 느껴졌다. 종이는 준비된 대로 넘겨졌고, 질문은 계획대로 답변되었지만, 그보다 인상 깊었던 건 대표와 팀장, 그리고 실무자들이 보여준 태도였다. 그들은 외운 대답을 반복하지 않았고, 매뉴얼 위에서 말을 끌어오지 않았다. 그들의 말은 생생했고, 단어마다 책임이 묻어 있었다.

심사가 끝나고 돌아오는 길, 대표는 조용히 말했다. "진짜로 이걸 우리가 해냈네요." 나는 웃으며 대답했다. "예. 그런데 그보다 더 중요한 건, '우리가 해낼 수 있는 회사가 됐네요'라는 거예요." 그는 말없이 고개를 끄덕였고, 차 안은 한동안 조용했다. 하지만 그 침묵은 더 이상 무거운 게 아니었다. 그건 오히려 어떤 깊은 안도, 혹은 내면의 환기가 느껴지는 침묵이었다.

며칠 후, CCM 인증서가 도착했다. 대표는 그것을 조용히 응접실 벽에 걸었고, 특별한 말은 하지 않았다. 그저 일상으로 돌아갔고, 각 부서도 다시 본연의 자리로 돌아갔다. 하지만 그들의 일하는 방식은 달라져 있었다. 모든 민원은 기록되었고, 응대는 흐름을 따라 움직였으며, 교육은 반복되었다. 누가 어떤 상황에 어떻게 대응했는지가 명확하게 추적되었고, 매뉴얼은 더 이상 서랍 속 종이가 아니었다. 그건 이제 사람들이 공유하는 기준이 되었고, 조직이 움직이는 방식이 되었다.

재인증 시기가 다가올 즈음, 나는 대표에게 조심스럽게 물었다. "이번엔 다시 준비하실 필요 없겠네요?" 그는 웃으며 말했다. "아니에요. 2년 동안 우리가 얼마나 발전했는지 보여줘야죠. 소비자를 위해 시스템을 어떻게 개선했는지, 직원들을 위한 시설 개선과 인원 충원은 어떻게 했는지, 새로운 민원 처리 프로세스는 무엇인지…. 이 모든 걸 정리해서 제출해야 합니다."

그 말은 짧았지만, 그 안에는 지난 2년 동안의 지속적인 개선과 발전이 담겨 있었다. 재인증은 단순히 기존 상태를 유지하는 것이 아니라, 계속해서 진화하고 있음을 증명하는 과정이었다.

그리고 나는 알게 되었다. 이 회사가 바뀐 건, 어떤 문서를 잘 써냈기 때문이 아니라, 스스로에게 질문하는 법을 배웠기 때문이라는 것을. "이 민원은 왜 생겼지?" "고객이 원하는 건 뭘까?" "우리가 만든 흐름은 사람에게 도움이 되는가?" 그 질문들에 매번 대답하며, 이 회사는 조금씩 스스로를 다시 설계했고, 그 과정에서 매뉴얼이 아니라 사람이 변했다.

KEY POINT

- CCM 인증은 단순한 '마케팅 도구'가 아닌 회사 전체 시스템의 변화다. 친절한 고객응대나 간단한 민원처리 매뉴얼이 아니라, 모든 소비자 접점을 체계적으로 관리하는 시스템을 구축하는 과정이다.
- 서류심사와 현장심사의 이중 검증이 핵심이다. 100페이지가 넘는 운영 매뉴얼과 공적기술서 작성, 심사위원의 사전 질의응답, 현장에서의 무작위 직원 인터뷰까지 철저한 검증 과정을 거친다.
- 재인증은 현상 유지가 아닌 지속적 발전의 증명이다. 2년간의 시스템 개선, 직원 교육, 시설 투자 등 끊임없는 발전 과정을 문서화하여 제출해야 하며, 이것이 진정한 CCM 기업의 모습이다.

Quick Reference

소비자24 홈페이지 https://www.consumer.go.kr/

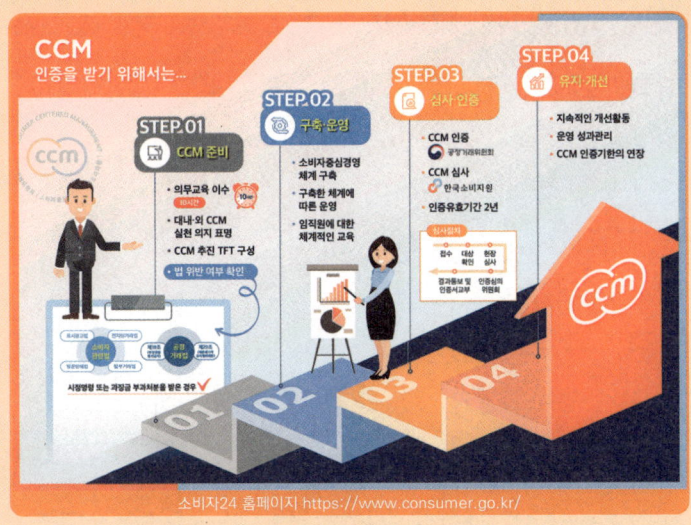

소비자24 홈페이지 https://www.consumer.go.kr/

정부는 '잘난사람' 보다 '못난사람'을 찾는다

Chapter

정부는
'감정보다 논리'를 봅니다

1 아무한테나 사업하라고 하지 않는다 —————— 194
   평생교육시설 등록 실패기
2 열두 번 실패를 극복한 한 번의 행정절차 —————— 202
   행정절차를 빠르게 진행하는 법
3 사업 아이템이 아니라 허가가 판을 갈랐다 —————— 211
   중요한 타이밍에 승부처가 된 허가 이야기
4 기술보다 먼저 행정을 배운 스타트업, 그래서 살아남았다 —————— 221
   위치기반 서비스 신고사례
5 제도에 지지 않았던 단 한 번의 말 —————— 230
   행정심판 이야기

5

아무한테나
사업하라고 하지 않는다

평생교육시설 등록 실패기

국가는 교육을 권장하지만, 아무에게나 허락하지 않는다

"대표님, 그냥 평생교육원 하나 내면 면세도 되고, 국비지원도 받고 좋다던데요?" 그 말을 처음 들었을 때, 그는 눈이 반짝였다. 대기업을 퇴직하고 제2의 인생을 설계하던 중이었다. 그의 머릿속엔 그려진 시나리오가 있었다. 자신이 오랫동안 해왔던 분야의 전문 지식을 교육 콘텐츠로 만들고, 사무실 하나를 구해 교육장을 마련하고, '내일배움카드' 같은 국비지원 시스템을 활용해 운영비 일부를 국가가 보조해주는 구조. 세금은 비과세, 수익은 안정적, 구조는 간단해 보였다. 그는 이미 사무실 계약도 마쳤고, 홈페이지 제작도 막바지였다. 그때 나를 찾아왔다. "이제 등록만 하면 되는 거죠?"

나는 조용히 노트를 꺼내고, 질문을 던졌다. "혹시 평생교육원 등록 요건을 다 확인하셨나요?" 그는 당당하게 고개를 끄덕였다. "네, 누구나 낼 수 있는 거라고 들었습니다."

그의 말에는 반은 맞고, 반은 틀렸다. 평생교육원은 외형상 누구나 낼 수 있는 것처럼 보인다. 하지만 실상은 설립 형태부터 시설 면적, 인력 자격, 커리큘럼까지 복잡한 기준을 통과해야만 등록이 가능하다. 더 중요한 건, 그가 기대하고 있던 '국비지원'은 교육시설 등록만으로는 절대 받을 수 없다는 사실이었다.

나는 조심스럽게 말을 꺼냈다. "평생교육시설은 개인이나 법인 모두 설립할 수 있지만, 반드시 특정 형태의 '부설'로만 가능합니다. 사업장 부설, 언론기관 부설, 학교 부설, 원격교육 형태 등으로 나뉘고요. 그리고 국비 지원은 평생교육시설 등록과는 완전히 별개의 심사를 거쳐야 합니다."

그의 얼굴이 굳었다. "그럼…. 지금은 아무것도 못 한다는 말씀이세요?" 나는 고개를 저었다. "할 수 있습니다. 하지만 순서가 다르고, 설계가 필요합니다."

그는 그날 처음으로 자신의 계획에 '설계'라는 단어를 진지하게 들이댔다. 그에게 교육사업은 '가르치는 일'이었고, '시설을 운영하는 일'이었지만, 이제부터는 '국가 시스템 안에서 증명되고 설계되는 일'이 되기 시작한 것이다. 그는 말없이 노트북을 열었다. 이제부터 그가 써야 할 문장은 강의 계획이 아니라, 국가가 납득할 수 있는 구조였다.

며칠 후, 그는 다시 내 사무실을 찾았다. 서류 한 뭉치를 들고, 표정은 이전보다 무거웠다. "강의 커리큘럼 정리했고요, 강사 프로필도 받았습니다. 사무실 평면도, 안전시설 사진, 교보재 목록까지 다 준비했습니다." 그는 준비한 서류들을 자랑스럽게 펼쳤다. 겉으로 보기에 모자란 것이 없어 보였다. 강의 주제도 명확했고, 대상도 구체적이었으며, 공간도 깔끔했다. 하지만 나는 조용히 고개를 저었다. "대표님, 지금 이 서류는 평생교육시설 구조로는 어느 정도 준비가 되어 있지만, 국비지원 구조에는 맞지 않습니다." 그는 말없이 나를 바라봤다. 그 눈빛은 질문이었다. '왜요? 무엇이 부족한 거죠?'

평생교육시설은 형태가 정해져 있으므로 평생교육시설을 등록하기 전에 선행되어야 하는 조건들이 있다. 해당 부설마다 인원, 사업장 규모, 건축물대장상 용도 등 요건이 구비되어야 신고절차를 진행할 수 있다.

나는 그에게 설명을 시작했다. "먼저 어떤 형태로 평생교육시설을 설립하실 건가요? 개인이나 작은 법인이 시작할 경우 대부분 언론기관 부설로 진행합니다. 그럼 먼저 언론기관을 설립하고 등록증을 받은 후에야 평생교육원 설치 신고가 가능합니다. 여기에 전문인력 요건, 평생교육사 자격도 갖춰야 하고요."

그는 충격을 받았다. "언론기관을 먼저 만들어야 한다고요?"
"네, 그게 가장 일반적인 방법입니다. 그리고 평생교육시설 설치가 끝나도 국비지원은 별개예요. 일단 평생교육시설을 만들고, 그 다음에 국비지원 훈련기관으로 지정받기 위한 심사를 따로 받아야 합니다."

나는 더 자세히 설명했다. "국비지원을 받으려면 먼저 훈련기관 심사를 통과해야 합니다. 온라인으로 할 건지, 오프라인으로 할 건지에 따라 시설 요건도 달라지고요. 이 기관 심사는 1년에 한 번만 있어서 시기를 놓치면 1년을 기다려야 합니다. 기관으로 지정된 후에야 비로소 교육과정 심사를 받을 수 있고, 과정 심사는 1년에 4번 있습니다."

그는 한참을 침묵했다. "그럼 처음부터 국비지원 기관 요건에 맞춰서 평생교육시설을 설계해야 한다는 말씀이시네요?"
"정확합니다. 일반 평생교육시설로 시작했다가 나중에 국비지원 기관으로 전환하려면 시설 요건부터 다시 맞춰야 해서 이중으로 투자해야 합니다."

그 순간, 그는 자신이 해오던 교육의 방식이 너무 '내부 중심'이었다는 걸 처음으로 인식했다. 그는 '잘 가르치는 것'만 생각했고, '어떻게 국가 시스템 안에 들어갈 것인가'에 대해선 준비되어 있지 않았다.

나는 다시 질문을 던졌다. "이 교육과정이 끝나면 수강생은 어디로 갑니까?"
"…저희는 교육만 합니다."
"국가는 그게 가장 싫은 대답입니다. 국비지원은 취업, 창업, 자격, 진로 등 명확한 후속 경로가 있어야 합니다."

그 말이 끝났을 때, 그는 오래 침묵했다. 그러다 조용히 입을 열었다. "그러면, 처음부터 다시 설계해야겠네요." 나는 고개를 끄덕였다. "이건 강의 하나가 아니라, 하나의 프로그램으로 만들어야 하거든요."

그날 이후, 그는 전략을 완전히 바꿨다. 먼저 언론기관 설립부터 시작했고, 평생교육시설 설치 신고를 마친 후, 국비지원 훈련기관 요건에 맞춰 시설을 재정비했다. 대상자 분석부터 시작했고, 참여자 선발 기준을 재정비했으며, 수료 후 일자리 연계기관과의 협약도 직접 맺었다. 그는 점점 강사가 아니라, 교육 설계자로 변해가고 있었다.

기관 심사를 통과하는 데만 8개월이 걸렸다. 그리고 나서야 비로소 과정 심사를 신청할 수 있었다. 심사 결과 통보는 예상보다 조용하게 왔다. 메일 제목 하나, 첨부파일 하나. 그는 컴퓨터 앞에 앉아 몇 초간 커서를 움직이지 못했다. 그리고 마침내 클릭한 순간, 화면 속에는 단 한 줄의 문장이 적혀 있었다. "고용노동부 직업능력개발훈련 과정 승인."

그는 말이 없었다. 함께 앉아 있던 나는 그의 얼굴에서 천천히 올라오는 감정을 읽을 수 있었다. 안도, 놀라움, 그리고 조금은 낯선 기쁨. 이건 단순히 과정 하나가 통과된 게 아니라, 그가 처음으로 사회에 대고 "내가 설계한 교육이 국가 기준에 부합한다"고 입증한 순간이었다.

며칠 뒤, 교육장은 바빠지기 시작했다. 수강생 모집 공고가 게시되고, 내일배움카드 승인 절차가 시작되었고, 각종 기관 협약이 본격적으로 움직이기 시작했다. 그는 강사들 사이에 앉아 브리핑을 했다. "우리는 그냥 가르치지 않습니다. 국비는 시스템입니다. 사람을 향한 경로 전체를 구성해야 합니다."

처음에는 이해하지 못하던 직원들도 점점 달라지기 시작했다. 강의 후 만족도 조사, 훈련생 상담 일지, 취업 연계 실적표, 제휴 기관 방문 리포트…. 하나하나가 귀찮은 체크리스트가 아니라, "우리가 신뢰를 유지하기 위해 해야 하는 문장"이 되어갔다.

그는 더 이상 '교육'을 말하지 않았다. 그는 이제 '신뢰를 받는 방식'에 대해 이야기했다. "국비는 돈을 주는 게 아니라, '국민에게 맡길 수 있는 사람'을 찾는 구조예요. 우리가 증명한 건 강의력이 아니라, 사람을 책임질 수 있는 시스템이라는 거죠."

이제 그는 어디서든 말할 수 있다. "나는 국비 교육을 하는 사람이 아니라, 국가가 내 교육을 신뢰해도 된다고 말한 사람입니다."

KEY POINT

- 평생교육시설은 반드시 특정 형태의 '부설'로만 설립 가능하다. 개인이나 법인 모두 가능하지만, 사업장 부설, 언론기관 부설, 학교 부설, 원격교육 형태 중 하나를 선택해야 하며, 각각 다른 설립 요건을 충족해야 한다.

- 국비지원은 평생교육시설 등록과는 완전히 별개의 과정이다. 먼저 훈련기관 심사(연 1회)를 통과한 후, 교육과정 심사(연 4회)를 거쳐야 하며, 처음부터 국비지원 기관 요건에 맞춰 시설을 설계하는 것이 효율적이다.

- 국비교육은 '증명'의 시스템이다. 강의 내용뿐 아니라 수강생 관리, 취업률, 만족도 조사, 협약기관 관리 등 전체 과정을 책임질 수 있는 구조를 갖춰야 지속 가능한 운영이 가능하다.

Quick Reference

① 시설 등록

학원	평생교육원	직업능력시설	법령에 의한 주체
· 평생교육학원 · 학원설립법 · 관할교육지원청	· 평생교육원 · 평생교육법 · 관할교육지원청	· 직업전문학교 · 직업능력개발법 · 관할고용지원청	· 요양보호사 학원 등

② 사전 등록

국비지원 훈련기관 사전등록 서류

- 사전에 직종/교, 강사/시설/장비/교재 등을 등록하며,
- 이중 실시가능 직종과 훈련교, 강사에 대해서는 승인 절차 후 등록 완료
  ▶ 실시가능 직종 : 기관 유형별 증빙서류 확인
  ▶ 훈련교.강사(ncs등록강사) : 경력 및 자격사항 등 증빙서류 확인

③ 국비지원 기관 심사

국비지원 훈련기관 사전등록 서류

▼

국비지원 훈련기관 통합심사

정부는 '감정보다 논리'를 봅니다

열두 번 실패를 극복한
한 번의 행정절차

행정절차를 빠르게 진행하는 법

또 검토 중이라고요? 이번이 벌써 열두 번째 전화인데…

P대표의 목소리에 지친 기색이 역력했다. 그는 자동차 부품 제조 업체의 경영자로, 8개월 전 김포 지역 신규 공장 설립을 위한 인허가를 신청했다. 당초 2-3개월이면 완료된다던 담당자의 말과 달리, 서류는 여전히 '검토 중'이라는 상태로 진전이 없었다. "정말 이해가 안 됩니다. 다른 기업들은 다 진행되는데, 왜 우리만…."

그의 분노는 충분히 이해할 수 있었다. 이미 김포 공단 내 부지는 매입한 상태였고, 생산 설비 계약금도 지불했다. 가동 지연으로 매일 수천만 원의 손실이 발생하고 있었다. 게다가 해외 바이어와의 납품 계약은 이미 체결된 상태라 더 이상의 지연은 치명적이었다.

그는 담당 공무원에게 수십 번 전화했고, 여러 차례 직접 찾아가기도 했다. 심지어 지인을 통해 과장급 공무원에게도 사정했지만, 돌아오는 답변은 항상 "절차에 따라 검토 중"이라는 원론적인 말뿐이었다.

"행정사님, 제가 뭐 잘못했습니까? 왜 저희 회사만 이렇게 오래 걸리는 건지…." 그가 내 사무실을 찾아온 날, 나는 그의 이야기를 차분히 들었다. 그리고 가장 먼저 한 질문은 의외로 단순했다. "P대표님, 혹시 담당자에게 왜 지연되는지 정확한 이유를 물어보셨나요?" 그는 잠시 당황한 듯했다. "물론이죠. 매번 물었어요. 그냥 '검토 중'이라고만 하고…."

"아니요, 제가 묻는 건 감정적으로 항의하면서가 아니라, 공식적으로 서면으로 지연 사유와 예상 처리 일정을 요청해보셨냐는 겁니다."

그의 표정이 미묘하게 변했다. 그는 잠시 생각하더니 고개를 저었다. "그런 적은 없네요. 그게… 도움이 될까요?"

나는 고개를 끄덕였다. "모든 행정 절차에는 법적 근거가 있습니다. 그리고 그 법에는 처리 기한도 명시되어 있죠. 감정으로 접근하면 담당자 입장에서도 대응하기 어렵습니다. 하지만 법과 절차를 근거로 접근하면 상황이 달라집니다."

그날부터 우리는 전혀 다른 접근법으로 문제 해결에 나섰다. 먼저 산업집적활성화 및 공장설립에 관한 법률(산집법)과 행정절차법을 꼼꼼히 검토했다. 산집법에 따르면 공장설립 승인 신청의 경우, 행정기관은 20일 이내(복합민원의 경우 최대 30일)에 결정을 내려야 했다. 이미 법정 처리 기한을 훨씬 넘긴 상태였다.

다음으로 P대표가 제출한 모든 서류를 항목별로 정리했다. 공장입지 기준, 환경영향평가, 교통영향분석, 소방시설 계획…. 모든 요건이 충족되었는지 하나하나 확인했다. 미비점이 있다면 그것이 지연의 정당한 이유가 될 수 있기 때문이다.

놀랍게도 모든 서류는 완벽했다. 오히려 환경 영향을 최소화하기 위한 설비 투자 계획은 법적 요구 수준을 뛰어넘는 수준이었다. "이상하네요. 서류상으로는 문제가 없는데…."

나는 다음 단계로 넘어갔다. 같은 김포 지역, 같은 시기에 신청된 다른 공장 설립 인허가 사례를 조사했다. 이는 정보공개청구를 통해 가능했다. 그 결과, 대부분의 인허가가 20-40일 내에 처리되었으며, 6개월 이상 지연된 경우는 P대표의 회사가 유일했다. "형평성에도 문제가 있군요. 이제 근거가 충분합니다."

우리는 세 가지 문서를 준비했다. 첫째, 법적 처리 기한과 현재까지의 지연 상황을 정리한 문서. 둘째, 인허가 요건 충족 여부를 항목별로 정리한 체크리스트. 셋째, 유사 사례와의 처리 기간 비교 분석 자료. 모든 문서는 감정적 표현이나 주관적 판단 없이, 오직 법령과 객관적 사실만을 담았다.

이 자료들을 바탕으로, 우리는 두 가지 공식 문서를 작성했다. 하나는 담당 부서장 앞으로 보내는 '인허가 처리 지연에 관한 사유 확인 요청서'. 다른 하나는 감사부서 앞으로 보내는 '행정 부작위에 대한 감사 요청서'. 두 문서 모두 감정적 표현은 배제하고, 오직 법적 근거와 객관적 사실만을 담았다. 특히 감사 요청서는 아직 발송하지 않고 준비만 해두었다. 단계적 접근이 중요했기 때문이다.

"이걸 보내면… 담당자가 화내지 않을까요?" P대표의 걱정에 나는 미소로 답했다. "화낼 이유가 없습니다. 우리는 감정적으로 항의하는 게 아니라, 법적 절차에 따라 정당한 권리를 요구하는 것뿐이니까요. 오히려 이런 접근법이 담당자에게도 명확한 해결 방향을 제시해줍니다."

다음 날, 우리는 담당 부서장 앞으로 사유 확인 요청서를 발송했다. 당일 오후, 놀랍게도 담당 과장으로부터 직접 전화가 왔다. "P대표님 공장 설립 건에 대해 확인해봤습니다. 처리가 지연된 점 죄송합니다. 검토 중 환경영향평가 부분에 추가 확인이 필요했던 사항이 있어서…." 처음으로 구체적인 지연 사유를 들을 수 있었다. 환경영향평가 중 특정 항목에 대한 내부 검토가 지연되고 있었던 것이다.

그러나 그 항목 역시 우리가 준비한 체크리스트에 이미 충족된 것으로 확인된 사항이었다. "해당 항목은 이미 기준치의 50%도 안 되는 수준으로 관리 계획이 수립되어 있습니다. 혹시 검토하시는 분께서 해당 페이지를 놓치신 건 아닐까요?" 과장은 잠시 침묵했다. 그리고 서류를 다시 확인해보겠다고 했다.

이틀 후, 다시 연락이 왔다. "P대표님, 서류 검토 결과 특별한 문제가 발견되지 않았습니다. 다음 주 심의위원회에 상정해서 처리하도록 하겠습니다." 여기서 멈추지 않고 나는 한 가지 더 요청했다. "감사합니다. 그런데 이미 법정 처리 기한을 크게 초과한 상태인데, 다음 주까지 기다려야 한다면 P대표님의 손실이 계속 발생하게 됩니다. 행정절차법 제19조에 따르면 신속처리의 원칙이 있지 않습니까? 가능하다면 특별 심의나 서면 심의로 더 빨리 처리할 수 있는 방법은 없을까요?" 과장은 다시 한번 생각에 잠겼다. 그리고 내일 확인해보겠다고 했다.

다음 날, 정말로 기적 같은 일이 일어났다. 부서장 전결로 공장설립 승인이 처리되었다는 통보를 받은 것이다. 심의위원회 개최 없이 서면 검토로 승인이 이루어졌다.

"행정사님… 어떻게 이런 일이…." P대표의 표정에는 허탈함과 기쁨이 묘하게 뒤섞여 있었다. 8개월의 기다림이 단 며칠 만에 해결된 현실이 아직 실감 나지 않는 듯했다.

일주일 후, 우리는 허가증을 들고 커피숍에 앉아 있었다. P대표는 궁금한 점이 있다며 입을 열었다. "전 정말 이해가 안 됩니다. 왜 제가 수십 번 전화하고 찾아가서 호소할 때는 안 되던 것이, 이렇게 한 번의 공식 문서로 해결된 걸까요?"

나는 잠시 생각하다 대답했다. "P대표님, 공무원도 사람입니다. 감정적인 호소를 받으면 방어적이 되고, 더 경직될 수 있어요. 게다가 담당자 혼자서 결정할 수 있는 범위는 제한적이죠. 하지만 법적 근거와 객관적 사실을 바탕으로 한 접근은 달랐습니다. 그건 담당자에게 책임을 묻는 게 아니라, 함께 문제를 해결할 수 있는 명확한 방향을 제시한 겁니다."

"그래도 이렇게 빨리 해결될 수 있었다면, 왜 처음부터…."
"아마도 처음부터 환경영향평가 부분의 특정 항목이 의문이 있었던 것 같습니다. 하지만 그것을 명확히 커뮤니케이션하지 않았고, P대표님도 감정적으로 접근하다 보니 실질적인 문제

해결로 나아가지 못했던 거죠. 우리가 구체적인 체크리스트로 모든 항목이 충족됨을 보여주자, 그제서야 정확히 무엇이 문제인지 확인하고 해결할 수 있었습니다."

P대표는 잠시 생각에 잠겼다. "그동안 제가 얼마나 감정적으로 대응했는지 이제 보니 부끄럽네요. 사실 한 달 전에는 담당자에게 '일부러 저희를 괴롭히는 거 아니냐'고 말한 적도 있거든요." 나는 이해한다는 듯 고개를 끄덕였다. "충분히 그럴 수 있습니다. 매일 손실이 발생하는 상황에서는 누구나 감정적이 될 수 있어요. 하지만 정부는 감정이 아닌 논리를 봅니다. 법적 근거와 객관적 사실이야말로 가장 강력한 무기입니다."

그로부터 6개월 후, P대표의 김포 공장은 성공적으로 가동을 시작했다. 예상보다 일찍 생산 라인을 안정화시켜 해외 바이어에게 납품을 시작했고, 오히려 이전보다 더 큰 물량을 수주하는 성과를 올렸다.

어느 날 그는 다시 내 사무실을 찾아왔다. 이번에는 선물 상자를 들고 있었다. "행정사님 덕분에 공장이 잘 운영되고 있습니다. 그런데… 추가 라인 증설을 위한 인허가를 또 신청해야 하는데요." 나는 미소를 지었다. "이번에는 어떻게 접근하실 건가요?"

그는 자신 있게 대답했다. "물론 처음부터 법적 근거와 객관적 사실을 중심으로 준비할 겁니다. 감정은 뒤로 하고, 논리를 앞세울 거예요. 이제 저도 배웠으니까요."

그의 말에 나는 깊이 고개를 끄덕였다. 정부를 상대로 할 때, 30번의 감정적 호소보다 한 번의 논리적 접근이 더 효과적이라는 진리를 그 역시 깨달은 것이다.

> ### KEY POINT
> - 정부와의 소통에서 감정적 호소는 오히려 문제 해결을 지연시킬 수 있다. 법적 근거와 객관적 사실에 기반한 논리적 접근이 더 효과적이다.
> - 민원 제기 전, 관련 법령에서 정한 처리 기한과 요건을 명확히 파악하고 이를 근거로 한 공식 요청이 필요하다.
> - 형평성, 비례의 원칙 등 행정법의 기본 원칙을 활용한 접근은 담당자에게도 명확한 해결 방향을 제시할 수 있다.

정부활용 사업성공법

사업 아이템이 아니라
허가가 판을 갈랐다

중요한 타이밍에 승부처가 된 허가 이야기

시설은 다 갖췄는데 허가가 안 난다고요?

그날 상담실 문을 열고 들어온 젊은 부부는 한눈에 봐도 당황한 기색이 역력했다. 겉모습은 분명히 준비된 창업자들이었다. 트렌디한 복합게임장 인테리어 사진, 정리된 예산표, 각종 마케팅 자료까지 손에 들고 있었고, 이미 수천만 원을 들여 시설 공사를 끝낸 상태였다. 그런데 지금, 개장을 며칠 앞두고 '허가가 나지 않을 수도 있다'는 얘기를 듣고 이곳까지 오게 되었다는 것이다. 나는 자료를 천천히 훑어보며 묻지 않을 수 없었다. "혹시, 사업 내용은 어떤 업종으로 신고하셨나요?" 남편이 먼저 대답했다. "인터넷게임시설업으로 신고했는데요, 다들 그렇게 하더라고요."

나는 그 순간, 이미 문제의 전모를 짐작할 수 있었다. 이들이 준비한 업종은 단순한 PC방도, 단순한 보드게임 카페도 아니었다. 닌텐도와 보드게임이 어우러진 공간에 음료까지 제공하며 가족 단위 고객을 끌어들이는 형태였다. 그건 이미 '복합유통게임제공업'에 가까웠다. 그런데도 단순 '인터넷게임시설업'으로 신고를 해둔 상태였고, 민원이 들어가면서 문제가 수면 위로 드러난 것이었다. 나는 차분히 설명을 시작했다. "지금 형태로는 인터넷게임시설업 신고만으로는 운영이 불가능합니다. 다른 업종이 결합된 만큼 처음부터 복합유통게임제공업으로 설계됐어야 했어요."

두 사람의 얼굴이 순간 굳었다. "그럼 지금 다 무효인 건가요?" 아내가 조심스레 물었다. 나는 고개를 저었다. "아니요, 무효는 아닙니다. 인터넷게임시설업을 기초로 시설에 대한 구획계획을 세우고, 일부 시설을 개선한 다음 영업신고 변경을 통해 허가가 가능합니다. 다만, 건축물대장상 면적 표기 변경이나 인테리어 구조 문제가 있다면 건축과와 협의가 필요할 수 있고, 경우에 따라서는 용도변경부터 진행해야 할 수도 있습니다."

사업계획 자체는 나쁘지 않았지만, 행정구조 안에서는 '좋은 계획'과 '허가 가능한 계획'은 전혀 다른 의미였다. 이들은 '사업'을 설계했지만, '허가'는 설계하지 못한 것이었다. 특히 복합게임장은 시설기준이 매우 정교하게 나뉘어 있다. 인터넷게임 공간, 보드게임 공간, 음식 판매 공간이 분리되어야 하고, 청소년 출입 여부에 따라 입지 규제까지 적용된다. 심지어 학교 근처에 위치할 경우 거리 제한이 적용되는 경우도 있다.

거기다 특히 업장이 고층(4층 이상 또는 옥상 포함)에 위치한 경우, 옥외간판 설치는 반드시 '허가·신고 대상'으로 분류되며, 설치 시에는 신고·허가 등록된 전문 옥외광고업체를 통해 진행해야 향후 행정적 문제·안전사고·법적 분쟁을 효과적으로 방지할 수 있다.

이 부부는 처음부터 그런 기준이 있다는 사실조차 몰랐다. "다른 가게들도 다 그렇게 하고 있다던데요?" 나는 그 말이 가장 위험하다고 생각했다. 다른 가게들이 문제없이 영업하는 것처럼 보이지만, 실제로는 '운이 좋은 미신고' 위에 서 있는 경우도 많다. 그리고 행정은, 그 운을 보장해주지 않는다. 나는 두 사람에게 단호히 말했다. "지금은 시설 구획을 다시 계획하고 영업신고 변경을 해야 합니다. 그렇지 않으면 첫 민원이 아니라, 두 번째 민원에서 사업 자체가 중단됩니다."

그들은 침묵했지만, 절망 대신 계획을 선택했다. 아내가 가장 먼저 입을 열었다. "그럼, 구획을 나누고 다시 시작하는 거네요." 나는 고개를 끄덕이며 대답했다. "그렇지만 이번엔, 틀리지 않을 겁니다."

이야기는 그렇게, 사업계획서가 아닌 허가 서류 위에서 다시 시작되었다. 이 부부는 아직 몰랐지만, 그들의 진짜 창업은 지금 이 순간부터였다.

트램펄린 때문에 사업을 접게 될 줄은 몰랐어요

상담실에 들어선 또 다른 창업자는 40대 초반의 남성이었다. 그는 이미 키즈카페를 개업했고, 지역 SNS에서 꽤 유명한 장소로 자리 잡고 있었다. 밝은 톤의 실내, 넓은 볼풀장, 인기 많은 트램펄린까지, 아이를 키우는 부모라면 누구나 한 번쯤 들러봤을 법한 공간이었다. 그런데 그가 내 앞에 앉은 이유는 너무도 아이러니했다. "아이 하나가 다쳤어요. 그런데, 제가 기타유원시설업 신고를 안 했더라고요." 말끝이 떨려 있었다. 감정 때문이 아니라, 이미 한 발 늦었다는 자각이 그를 짓누르고 있었다.

나는 그에게 물었다. "처음에 어떤 시설로 신고하셨나요?" 그는 서류를 꺼내 보여줬다. 일반 어린이 놀이시설. 회전놀이 기구도 없고, 미끄럼틀이나 볼풀장 정도면 무리 없다는 말만 듣고 그대로 진행했다고 했다. 하지만 문제는 트램펄린이었다. 일정 면적 이상, 일정 반발력을 갖는 트램펄린은 '유기기구'로 분류되고, 반드시 별도의 안전인증 및 보험 가입, 기타유원시설업 설치신고가 필요하다. 그런데 그는 이 조건을 전혀 모르고 있었다. "사고가 일어나기 전까진, 그게 문제가 될 줄은 정말 몰랐어요."

그날 있었던 사고는 다행히 생명에 지장을 주는 큰 부상은 아니었다. 하지만 부모의 항의는 격했고, 언론에 알려질까 우려한 그는 급히 합의에 나섰다. 문제는 그다음이었다. 관할 행정기관의 점검에서 미신고 유기기구가 드러났고, 관련 보험 미가입 사실까지 함께 확인되면서 사업장에는 과태료와 행정처분이 예고되었다. 그는 더는 버틸 수 없었다. 자초지종을 설명하며 고개를 떨군 채 말했다. "허가만 잘 받았어도, 이 정도로 무너지진 않았을 텐데요."

그 말은 뼈아프게 들렸다. 어쩌면 그는 시설 설계보다, 인테리어보다, 콘텐츠보다 훨씬 먼저 '제도의 언어'를 이해했어야 했다.

트램펄린이나 회전놀이기구처럼 '움직이는 구조물'이 포함되면, 법적 지위는 단순 놀이시설을 벗어나 기타유원시설업으로 전환된다. 이 기준은 모호하지 않다. 분명히 적혀 있고, 명확히 적용된다. 하지만 대부분의 창업자들은 '시설이 좋아 보이는가'에 집중할 뿐, 그 시설이 법적으로 어떤 분류에 속하는지는 잘 살피지 않는다. 바로 거기서 문제가 생긴다.

나는 그에게 뒤늦게라도 기타유원시설업 신고를 진행하고, 보험에 가입하며, 추가 안전장치 설치를 하도록 도왔다. 하지만 그는 결국 6개월 만에 사업을 접었다. 신뢰는 무너졌고, 재정은 고갈됐고, 무엇보다 그 마음이 이미 지쳐 있었다. 나는 그에게 마지막으로 건넸던 말을 아직도 기억한다. "좋은 시설과 좋은 마음으로도 넘어설 수 없는 게, 제도입니다."

그는 조용히 고개를 끄덕였고, 그날 우리는 오래도록 말없이 앉아 있었다. 좋은 창업 아이디어와 열정, 그리고 고객의 사랑까지 받았던 공간이 허가 하나의 누락으로 사라진다는 것. 그 사실이 창업자에게 얼마나 잔인한 현실인지, 나는 누구보다 잘 알고 있다.

허가만 제대로 준비했어도 절반은 성공입니다

한 쪽에서는 위기를 기회로 바꾼 부부가 있었다. 다른 쪽에서는 뒤늦은 절차 하나로 사업을 접은 창업자가 있었다. 두 사람 모두 열정이 있었고, 시설도 준비했으며, 고객의 반응도 나쁘지 않았다. 그들을 가른 건 오직 하나였다. 허가. 그리고 허가는, 단순한 '승인 절차'가 아니라 사업의 뼈대를 규정하는 구조였다.

복합게임장을 준비했던 부부는 내가 개입한 후 사업 구조를 다시 설계했다. 단순 인터넷게임시설업에서 복합유통게임제공업으로 업종을 전환했고, 시설 구획과 청소년 출입 제한, 식음료 제공 동선까지 세밀하게 정리한 뒤 다시 신청서를 제출했다. 서류는 단 한 차례 수정 없이 통과됐고, 현장 실사에서도 무리 없이 진행되었다. 그들이 다시 매장을 열게 된 날, 나는 문득 이런 생각이 들었다. "이들이 사업을 다시 시작한 게 아니라, 처음으로 제대로 시작한 것이다."

반면, 키즈카페를 운영했던 창업자는 그 모든 절차를 나중에 알게 되었다. 이미 트램펄린이 설치됐고, 보험은 가입되지 않았고, 시설 분류는 잘못되어 있었다. 하나하나 정정하고 싶었지만, 그 과정은 수익으로 해결되지 않는 손실을 낳았고, 그는 결국 선택의 여지를 잃은 채 사업을 접어야 했다. 그의 시설은 무너진 것이 아니었다. 구조는 그대로였지만, 제도와 충돌하는 그 단 하나의 허점이 전체를 붕괴시킨 것이다.

나는 이 두 사례를 볼 때마다, 창업이라는 단어를 다시 정의하고 싶어진다. 창업이란 공간을 만드는 일이 아니다. 물건을 파는 일도 아니다. 창업은 제도 안에서 생존할 수 있는 구조를 만드는 일이다. 그리고 그것을 처음부터 설계할 수 있어야 한다. 그렇지 않으면 아무리 좋아 보이는 아이템도, 어떤 하루에도 쓰러질 수 있다. 행정은 기다려주지 않고, 법령은 감정을 반영하지 않으며, 민원은 타협을 제안하지 않는다. 사업은 결국 법 위에서 움직이는 현실의 구조물이고, 그 구조물이 허약할 때, 가장 먼저 흔들리는 건 창업자의 삶이다.

나는 늘 말한다. "인허가는 귀찮은 일이 아니라, 생존을 위한 기본 설계입니다." 시설 공사보다 먼저, 메뉴 구성보다 먼저, 사업의 모양이 아닌 틀을 먼저 만들 수 있어야 한다. 그 틀 안에 고객이 들어오고, 수익이 쌓이고, 브랜드가 확장되는 것이다.

여러 업종이 섞인 복합문화공간과 키즈카페는 여전히 인기 있는 창업 아이템이다. 아이를 위한 공간, 가족을 위한 놀이, 도심 속 휴식의 대안으로서 좋은 기획일 수 있다. 그러나 그 시작이 허가 위에 세워지지 않는다면, 그 아이디어는 현실에서 설 자리를 잃는다.

일부 사업자들은 본업과 연계하여 성인 대상의 평생교육 시설을 설치·신고하고, 문화센터 형태로 운영함으로써 교육 시설에 대한 비과세 혜택을 활용하는 동시에 부가 수익 모델을 창출하고 있습니다. 이와 더불어, 평생교육뿐만 아니라 건강관리, 취미·예술, 상담·코칭 등 다양한 업종을 복합적으로 결합하여 사업 영역을 확장해 나가는 창의적인 사례도 점차 늘고 있는 추세이다. 특히 키즈카페, 카페, 체험 공간 등 소비자 체류형 업종에서 이러한 전략적 접목이 효과적으로 활용되고 있다.

사업의 성패는 기획력으로 갈리지 않는다. 구조로 갈린다. 그리고 그 구조의 첫 줄은 언제나 '허가'라는 이름으로 쓰여야 한다.

KEY POINT

- 사업의 성패를 가르는 것은 아이템이 아닌 처음 시작할 때의 '허가'다. 복합게임장이나 키즈카페처럼 여러 요소가 합쳐진 사업은 처음부터 올바른 업종으로 신고해야 하며, 이미 시설을 갖추고 나서 허가 문제가 생기면 회복이 어렵다.

- 유사 업체가 잘 운영된다고 그대로 따라하면 위험하다. 트램펄린처럼 '유기기구'로 분류되는 시설을 단순 놀이시설로 신고하면 사고 발생 시 보험도 적용되지 않고 과태료와 행정처분까지 받게 된다.

- 인허가는 사업 시작 전 반드시 점검해야 할 첫 번째 과제다. 시설 공사, 인테리어, 메뉴 준비보다 먼저 법적 기준을 확인하고 설계해야 나중에 사업을 포기하는 상황을 피할 수 있다.

Quick Reference

업종으로 등록 시

〈유원시설업〉

- **검사 신청** (신청인→검사기관)
  ▼
- **검사 실시 → 성적서 발급** (검사기관→신청인 지자체장)
  ▼
- **신고서 작성** (신청인→시·군·구)
  ▼
- **접수→검토→결정** (시·군·구)
  ▼
- **등록처리** (신청인→검사기관)
  ▼
- **보험가입** (사업자)
  ▼
- **안전교육** (사업자/종사자)
  ▼
- **안전점검/정기검사**

〈식품접객업〉

- **신고서 작성** (신청인)
  ▼
- **접수** (처리기관)
  ▼
- **검토** (처리기관)
  ▼
- **결재** (처리기관)
  ▼
- **시설조사** (필요시, 처리기관)

업종 관계없이 해당사항 있으면 등록

〈어린이놀이시설〉

- **놀이시설 설치** (설치업자)
  ▼
- **놀이시설 등록** (설치업자)
  ▼
- **어린이활동공간검사** (설치업자)
  ▼
- **놀이시설 설치검사**
  합격
  ▼
- **놀이시설 운영** (관리주체)
  ▼
- **안전관리자 지정** (관리주체)
  ▼
- **보험 가입** (관리주체)
  ▼
- **안전교육** (안전관리자)
  ▼
- **안전점검/정기검사** (관리주체, 안전관리자)

〈어린이활동공간〉

- **검사 신청** (신청인→검사기관)
  ▼
- **신청서 작성** (신청인)
  ▼
- **접수** (시험검사기관)
  ▼
- **현지 확인 및 시료 채취** (시험검사기관)
  ▼
- **통지** (검사기관→신청인)

기술보다 먼저 행정을 배운
스타트업, 그래서 살아남았다

위치기반 서비스 신고사례

이걸 왜 지금 신고하라고 하죠?

그는 굳이 명함을 내밀지 않았다. 이미 수천 명의 사용자가 앱을 내려받았고, 광고주도 확보되어 있었다. "매출이 꾸준히 늘고 있었어요. 그런데 갑자기, 정부에서 소명 요청이 왔다니까요." 그 말투엔 억울함보다 당혹감이 더 짙게 묻어 있었다.

앱 출시 후 1년. 안정화된 운영, 단골 사용자층, 지역 매장과 제휴를 통한 수익 모델까지 모두 갖춘 상태였다. 그런데 이제 와서 '신고 누락'이라는 말을 들었다. 그는 조용히 덧붙였다. "그냥 주변 가게 보여주는 기능밖에 없는데, 그게 신고 대상이라는 생각은 못 했어요."

나는 그 말에 멈칫하지 않았다. 너무도 익숙한 케이스였기 때문이다. 많은 창업자들이 기술 개발과 마케팅에만 집중한 채, 가장 기본적인 행정 절차를 건너뛰곤 한다. 특히 앱 기반 서비스는 더욱 그렇다. 눈앞의 화면이 전부인 줄 알지만, 실제로 정부가 보는 건 '데이터의 흐름'이다. 내가 조용히 말했다. "사용자 위치를 받아서 보여주는 기능, 그 자체가 '위치기반 서비스'에 해당해요. 미신고 상태에서 운영 중이면, 지금이라도 서둘러 대응하셔야 합니다."

그는 고개를 들며 물었다. "지금도 가능할까요? 신고는 안 했지만, 이미 사용자는 많은데…." 나는 천천히 고개를 끄덕였다. "네, 다행히 위치기반서비스사업자는 '허가'가 아니라 '신고'입니다. 늦었지만, 지금이라도 소명서와 사업계획서를 정리해서 제출하면 큰 문제는 피할 수 있어요." 그러나 그렇게 말하면서도 나는 알고 있었다. 그 과정이 결코 단순하지 않다는 것을.

이 대표는 지금까지 자신이 '기술로 사업을 해왔다'고 믿었을 것이다. 기획서를 직접 썼고, 개발사와의 소통도 적극적이었으며, 마케팅 또한 빠르게 전개해왔다. 하지만 이 모든 것 위에 놓인 '행정의 구조'에 대해선 단 한 번도 깊이 들여다보지 않았다. 그는 GPS라는 단어를 알았지만, '위치정보를 수집한다'는 것이 어떤 법적 의미를 가지는지는 몰랐다. 그리고 그 무지가 지금, '정지 요청'이라는 말 앞에서 현실이 되었다.

나는 다시 확인했다. "혹시 앱 안에서 사용자 위치를 기반으로 매장 추천이 이루어지나요?" 그는 잠시 생각한 뒤 고개를 끄덕였다. "네, 맞아요. 그걸로 추천도 하고, 바로 예약도 되게 만들었어요." 나는 메모장을 펴고 항목을 정리하기 시작했다. 사용자 위치를 기반으로 한 정보 제공 → 위치기반서비스사업자 신고 대상. 법인 사업자 → 상세 사업계획서 제출 필요. 서버 위치 → 클라우드 여부 명시. 정보 수집 방식 → 자동 수신인지, 동의 기반인지 명시.

그의 얼굴은 점점 진지해졌다. "기술보다 이게 더 어렵네요." 나는 웃지 않았다. 그 말은 농담이 아니었기 때문이다. 사업은 결국 기술로 시작되지만, 제도 안에서만 살아남는다. 그는 이제 막 그 사실을 실감하고 있었다. 그리고 지금 이 순간부터, 그의 진짜 사업은 다시 쓰이기 시작한 것이다.

기술보다 더 어렵네요, 이 신고란 게

며칠 뒤, 회의실 한쪽에 세 사람이 모였다. 이 대표, 개발 책임자, 그리고 나. 그들의 노트북에는 각각 다른 세계가 담겨 있었다. 한 쪽은 코딩 창이 열려 있었고, 한 쪽은 실사용 데이터를 실시간으로 분석하고 있었으며, 내 앞엔 위치기반서비스사업 관련 법령과 신고서 양식이 펼쳐져 있었다. 세 사람이 같은 서비스를 두고 각자 다른 언어로 접근하고 있었지만, 그날의 목표는 하나였다. '신고 누락'이라는 리스크를 걷어내는 일.

문제는 위치기반서비스 신고 자체가 어려운 것이 아니라, 개념 이해와 기술 담당자와의 소통에 있었다. 특히 요즘 중소기업의 경우 앱 개발과 운영을 외부에 위탁하는 경우가 많아, 위탁업체와의 소통이 쉽지 않았다. 대부분의 창업자는 위치기반서비스사업자와 위치정보사업자의 개념 차이조차 처음 들어본다고 말한다.

"위치기반서비스사업자? 위치정보사업자? 그게 뭐가 다른 건가요?" 나는 두 개념을 정리했다. "위치기반서비스사업자는 사용자의 위치를 기반으로 맞춤 정보를 제공하는 앱. 대부분의 모바일 서비스가 여기에 해당돼요. 신고만 하면 되는 비교적 간단한 절차입니다. 반면 위치정보사업자는 위치 데이터를 직접 수집해 다른 사업자에게 제공하는 구조로, SKT, KT 같은 통ㅍㅍ신사나 GPS가 달린 IoT 기반 장비 업체가 해당돼요. 이건 등록 절차로 훨씬 까다롭고, 일반 앱 개발자에겐 거의 해당되지 않죠."

이 대표는 그제야 고개를 끄덕였다. "그럼 우리는 앞쪽인 거네요. 위치기반서비스사업자." 정확히 그렇다. 하지만 문제는 거기서 끝나지 않았다.

법인으로 운영되는 서비스는 신고 항목이 간단하지 않다. 사업계획서에는 다음과 같은 내용이 필수로 포함되어야 했다.

- 위치 정보 수집의 목적과 범위
- 수집된 정보의 보관 방식 및 보유 기간
- 사용자 동의 절차
- 클라우드 서버인지 물리 서버인지의 구분
- 개인정보보호 조치와 운영자 책임자 지정

이런 기술적인 정보를 정확히 파악하려면 개발 담당자와의 긴밀한 소통이 필수였다. 하지만 이 대표의 경우 앱 개발과 서버 관리를 외부 업체에 위탁한 상태였고, 위탁업체와의 소통이 원활하지 않아 필요한 정보를 수집하는 데 상당한 시간이 걸렸다.

그는 생각보다 충격을 받은 눈치였다. "이걸 앱 만들기 전에 알았어야 했네요." 나는 조용히 고개를 끄덕였다. 사실 이 대표가 잘못한 것도, 고의로 피한 것도 아니었다. 대부분의 창업자들이 겪는 동일한 함정이었다. 앱 기획서에는 기능이 잘 설명돼 있었지만, 법의 언어로 재구성된 문장은 단 하나도 존재하지 않았다.

서류 작업이 본격화되자, 그의 태도는 완전히 바뀌기 시작했다. 처음엔 '행정 절차는 번거로운 통과의례'쯤으로 여겼던 사람이, 이제는 클라우드 서버의 물리적 위치까지 확인하려 들었고, 사용자 동의 절차에 법적 자문이 필요한지까지 고민하기 시작했다. 그것은 의무에서 비롯된 태도 전환이 아니라, "이걸 모르면 다시 멈출 수도 있다"는 절박함에서 비롯된 변화였다.

그리고 또 하나의 장애물이 있었다. 부가통신사업자 신고. 나는 조용히 물었다. "앱 내에서 결제나 외부 정보 제공 기능이 포함돼 있죠?" 그는 고개를 끄덕이며 대답했다. "매장 연결을 통한 예약, 광고 메시지 전송 기능이 있어요."

"그럼 부가통신사업자도 함께 신고하셔야 합니다. 특히 문자 전송이 대량이라면 '특수부가통신사업자'에 해당될 수도 있고요."

그는 한동안 입을 다물었다. "이 정도일 줄은 몰랐네요. 솔직히, 기술보다 더 어려운 것 같아요." 나는 그 말에서 농담이 아닌 진심을 들었다. 그리고 그 진심 속에서 한 가지 확신이 들었다. 이제 그는 기술자가 아닌 '사업가'가 되고 있다는 것.

서류를 모두 제출한 날, 이 대표는 문밖에서 잠시 멈춰 섰다. 몇 주간 매일같이 이어진 회의, 검토, 수정, 보완. 그는 마침내 '신고 완료'라는 짧은 문장을 들었지만, 그 말 안에 담긴 무게를 누구보다 잘 알고 있었다. "이걸 하려고 처음 앱을 만든 건 아닌데…. 정작 이걸 안 했으면 앱을 못 쓸 뻔했네요."

그 말은 단순한 회고가 아니었다. 그의 언어가 기술 중심에서 제도 중심으로 이동했다는 증거였다. 그는 이제 '사용자 위치를 받아 보여주는 기능'이 단순한 기술이 아니란 걸 안다. 그것은 법률상 '개인정보'이자 '행정 신고 대상'이었고, 사업의 존속 여부를 가르는 기준선이었다.

처음엔 의아했을 것이다. "그깟 매장 위치 보여주는 기능에 왜 이렇게 많은 조건이 붙는 걸까?" 하지만 지금의 그는, 그 질문을 더 이상 하지 않는다. 왜냐하면, 이해하게 되었기 때문이다.

그는 다시 개발팀과 마케팅팀을 불러 회의를 열었다. 이번엔 기능 추가가 아니라, 모든 업데이트가 '신고 대상인지 아닌지'를 먼저 검토했다. 클라우드 기반 구조를 물리 서버로 일부 전환했고, 사용자 동의 절차를 앱 진입 단계로 옮겼으며, 광고 메시지 발송 기능은 특수부가통신사업자 여부를 검토한 뒤 조정되었다.

이제 이 대표는 기술을 만드는 사람이 아니라, 기술이 작동할 수 있는 법적 구조를 설계하는 사람이었다. 나는 그가 마지막으로 했던 말을 기억한다. "앞으로 어떤 사업을 해도, 기술보다 먼저 행정을 생각할 거예요. 덕분에 배웠어요. 이게 진짜 사업이구나." 나는 그 말에 미소 지었다. 창업자 대부분이 기술을 혁신이라 말하지만, 지속가능성은 제도가 결정한다. 당신이 만든 기술이 아무리 편리하고, 소비자가 아무리 좋아해도, 그 기술이 법 안에 존재하지 못하면 시장에도 존재할 수 없다.

위치기반 앱 서비스는 앞으로도 수없이 많이 등장할 것이다. 하지만 그중 몇 개는 여전히 신고를 누락한 채 서비스를 시작하고, 몇몇은 소명 요청을 받고 당황할 것이다. 그러나 단 하나라도 이 글을 통해 '미리' 준비할 수 있다면, 그 사람은 이미 절반의 성공을 이룬 셈이다.

KEY POINT

- 위치기반서비스사업자는 '신고'로 가능하지만, 위치정보사업자는 '등록'으로 훨씬 까다롭다. 대부분의 앱은 위치기반서비스사업자 신고만으로 충분하며, 위치정보사업자는 통신사나 GPS 장비 업체에만 해당한다.
- 개념 이해와 기술 담당자와의 소통이 핵심이다. 특히 중소기업은 앱 개발을 외부에 위탁하는 경우가 많아, 위탁업체와의 원활한 소통이 신고 서류 작성의 성패를 좌우한다.
- 기술만으로는 사업이 완성되지 않는다. 기술이 작동할 수 있는 법적 구조를 설계하는 것, 그것이 진짜 창업의 시작이다.

Quick Reference

신고 대상

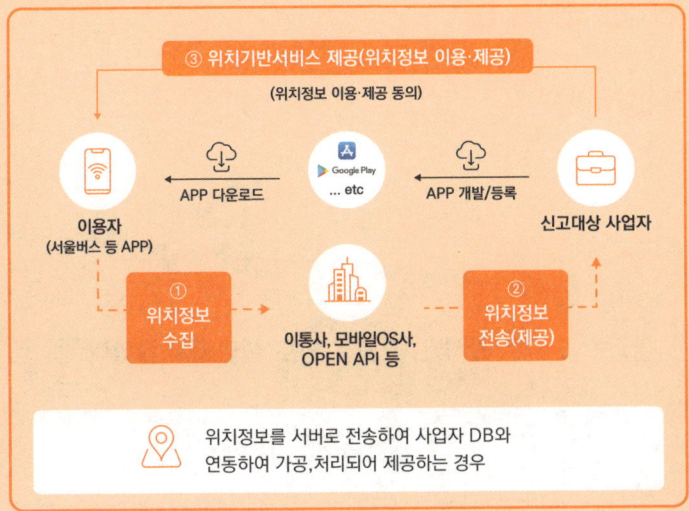

비신고 대상

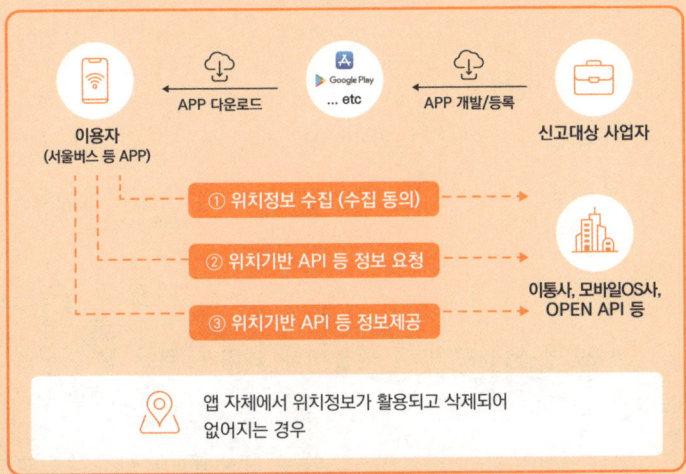

제도에 지지 않았던
단 한 번의 말

행정심판 이야기

결과는 숫자로 왔지만, 혼란은 말로 설명되지 않았다

그녀는 결과 발표 날, 모니터 앞에서 한참을 움직이지 못했다. 점수는 59점. 합격선은 60점. 단 한 과목이 총점의 6할을 넘지 못해 불합격. 그렇게 명시된 두 글자는 그녀가 세 번째 도전한 회계사 시험의 끝을 선언하고 있었다. 하지만 이상했다. 그녀는 이번 시험을 이전과 같은 방식으로 준비했고, 출제 경향도 특별히 달라 보이지 않았으며, 답안 작성 후에는 손에 남은 감각까지도 "이번엔 될 것 같다"는 자신감으로 가득했다.

이상한 낌새는 결과 발표 다음날, 조용히 퍼져나가기 시작했다. 수험생 커뮤니티 한 귀퉁이에 올라온 짧은 글 하나. "올해는 조정점수 없이 절대평가로 갔다고 들었어요." 그 말은 그저 소문처럼 보였지만, 그녀는 그 문장에 스스로도 이해할 수 없는 두려움을 느꼈다. 시험이라는 시스템은 늘 의심 없이 받아들이는 구조였고, 그 구조를 뒤흔드는 건 '낮은 점수'가 아니라, 그 점수가 만들어지는 방식이 달라졌다는 사실이었다.

그녀는 곧 확인에 나섰다. 회계사 시험의 경우 법적으로 절대평가로 명시되어 있어 법적으로는 문제가 되지 않았다. 하지만 문제는 이제까지 암암리에 16년간 관습적으로 이루어진 점수조정을 통해 상대평가로 채점이 되어왔다는 점이었다. 총점제는 단 한 번도 시행된 적이 없었으며, 심의위원 의결사항을 반영하여 공인회계사의 수요문제를 통해 최소선발인원이 증가될 수도 있었음에도 불구하고, 최소선발인원의 동결문제로 합격가능한 수험생에게 불합격이라는 처분이 내려졌다. 법령상으로는 절대평가와 총점제가 명시되어 있었지만, 이제까지 관습적으로 상대평가로 운영되어왔던 것이다. 감사원의 감사 이후, 일부 평가방식이 조정되었다는 문구는 보였지만 그 어떤 안내문에도 '조정점수 폐지' 또는 '절대평가 전면 시행'이라는 표현은 없었다. 누군가는 말했다. "애초에 이 시험은 공무원시험처럼 공표되는 형식이 아니니까요." 그녀는 그 말에 다시 한 번 어딘가 깊은 벽을 느꼈다.

제도의 언어는 늘 사전에 말해주지 않고, 사후에 해석되며, 수험생은 오랜 관습을 믿고 준비했지만 갑작스런 변화 앞에 무방비로 서게 된다는 것. 그녀는 마침내 질문을 품었다. "이건 제 착각일까요? 아니면, 뭔가 잘못된 걸까요?" 그리고 조용히 내게 물었다. "행정심판이라는 걸 들어봤어요. 그걸로… 이런 시험 점수도 다툴 수 있나요?"

나는 잠시 그녀를 바라봤다. 그녀의 눈엔 억울함이 아니라 혼란이 먼저 담겨 있었다. 그건 결과에 대한 반발이 아니라, 제도의 불투명함이 만든 감정의 틈새를 해명하고 싶은 마음처럼 보였다. 나는 조용히 말했다. "가능합니다. 다만, 그 감정을 '사건'으로 바꾸려면 지금부터는 다른 언어로 말해야 해요. 법의 언어로." 그녀는 고개를 끄덕였고, 그렇게 우리는 점수 너머의 구조를 향해, 아주 조용한 항의를 시작하게 되었다.

그녀는 하루 종일 책상에 앉아 있었다. 모니터에는 행정심판청구서 양식이 떠 있었고, 그 위에는 아직 단 한 줄도 입력되지 않은 빈 화면만이 남아 있었다. 감정은 이미 수없이 지나갔다. 억울함, 자책, 분노, 무력감. 하지만 지금 그녀에게 필요한 건 그런 감정이 아니라, '사건'으로 받아들여질 수 있는 설명의 형식이었다.

우리는 함께 하나씩 짚어나갔다. 올해와 작년 시험의 점수 산정 방식 비교, 사전 고지 여부, 감사원 보고서에 기초한 전환 배경, 기존 응시자들의 기대 형성 여부와 그것이 침해된 구조적 흔적들. 그녀는 말했다. "하나의 점수를 만들기 위해 이렇게까지 증명을 해야 한다는 게…. 이상하긴 하네요." 나는 조용히 말했다. "제도는 책임지지 않는 방식으로 작동합니다. 그 구조를 움직이게 하려면, 개인은 감정이 아니라 기록으로 말해야 해요."

우리는 '신뢰보호 원칙'을 근거로 논리를 쌓았다. 수년간 유지되어온 평가 방식, 그에 따라 형성된 수험생들의 준비 전략, 사전 공지 없이 이뤄진 급격한 변경, 그리고 무엇보다, 그 해에만 점수대가 급격히 낮아진 응시자들의 통계.

하나의 사건으로 구성되기까지, 그녀는 수십 명의 다른 수험생들에게 메시지를 보냈고, 커뮤니티에 글을 남겼으며, 어떤 날은 아무런 답변도 받지 못한 채 하루를 끝냈다. 그 과정은 '소송'이라기보다는 "이건 이상하지 않나요?"라는 질문을 세상에 조심스럽게 반복하는 일이었다.

며칠 뒤, 그녀는 한 장의 문서를 내게 건넸다. 거기엔 자신의 시험 준비 과정이 조목조목 정리되어 있었고, 그 마지막 문단에 이렇게 적혀 있었다. "이번 시험에서 제가 떨어진 건 사실입니다. 하지만, 그 사실이 형성된 방식이 예측 불가능했다는 점에 대해 국가가 제게 최소한의 설명은 해줄 수 있어야 한다고 믿습니다." 그 문장을 읽는 동안, 나는 숨을 멈추고 있었다. 그녀는 이 싸움이 이기기 위한 것이 아니라, 이 구조 안에서 인간으로 남기 위한 것이라는 걸 알고 있었다.

행정심판청구서는 조용히 접수되었다. 수백 건의 일반적인 행정 불복 사건 사이에 섞인 하나의 시험 점수에 대한 다툼. 일부 전문가의 경우는 일괄적으로 200명 이상의 수험생을 모아서 행정심판을 제기하였으나, 나의 경우 전체적인 흐름은 비슷해도 수험생들마다의 상황이 다르므로 3가지의 경우의 수로 나누어 각각 진행하였다. 결론적으로는 모두 기각이 되었지만, 수험생들의 처한 상황에 따라 각기 다른 접근을 시도했다.

하지만 그녀는 알고 있었다. 이건 점수가 아니라, 그 점수까지 오는 과정에 담긴 신뢰에 대한 항의라는 걸. 그날 그녀는 이렇게 말했다. "결과는 모르겠어요. 그런데 이번만큼은… 제가 할 수 있는 모든 언어로 말하고 싶었어요." 그녀는 그 순간, 피해자도, 수험생도 아니었다. 그저 국가에 질문을 던진 한 명의 시민이었다.

결과는 우편으로 왔다. 흰 봉투 안에 인쇄된 문장은 간결했고, 아무런 감정도 담겨 있지 않았다. "청구 기각." 그 한 줄의 문장은 6개월 동안 그녀가 모은 자료와 정리한 논리, 매일 새벽을 깨어서 다시 읽고 수정했던 소명서 위에 무심하게 내려앉은 마침표 같았다. 그녀는 봉투를 내려놓고 한참을 가만히 앉아 있었다. 소리를 내지도 않았고, 눈물을 흘리지도 않았다. 단지 조용히, 아주 오래도록 창밖을 바라보았다. 그날 처음으로, 시험이라는 것이 단지 점수의 문제가 아니라, 사람의 마음과 시간, 삶의 한 방향을 걸고 있는 시스템이라는 사실을 다시 생각하게 되었던 것이다.

며칠 뒤, 그녀는 다시 책상 앞에 앉았다. 그리고 예전처럼 문제지를 펼치지 않고, 자신의 이야기를 한 문장씩 정리해보기 시작했다. 그 종이 위에는 승패도 없었고, 변론도 없었지만 그녀는 단 하나의 방향성을 지켜냈다. "이번엔 다르게 말하고 싶다. 내가 겪은 일이 얼마나 명확한 모순인지가 아니라, 이 제도가 왜 어떤 이들의 목소리를 들을 수 없게 만드는지를."

그녀는 다시 시험 준비를 시작하지 않았다. 하지만 그녀의 감정은 '포기'와는 거리가 멀었다. 이제 그녀는 어떤 설명이 사라져 있었는지를 알고 있었고, 그 설명을 요구하는 방식이 어떤 언어로 이뤄져야 하는지도 이해하고 있었다. 그리고 더는, 결과만을 받아들이는 사람이 아니었다. 그녀는 후배 수험생들과 대화하면서, 제도의 변동 가능성을 조심스럽게 말하기 시작했고, 간혹 시험 제도 개선을 위한 민원이나 청원에도 목소리를 보탰다. 그녀의 말은 법정에서 받아들여지지 않았지만, 그 말이 시작된 곳은 여전히 그녀 자신 안에 살아 있었다.

어느 날, 나는 조용히 물었다. "후회는 없나요?" 그녀는 잠시 생각에 잠겼다가, 천천히, 그러나 단단하게 고개를 저었다. "처음엔 점수에만 갇혀 있었어요. 하지만 이제는, 이 구조에 질문할 수 있는 사람이 되었다는 게…. 그 자체로 괜찮은 결말인 것 같아요."

> ### KEY POINT
>
> - 제도 변경은 사전 고지한다. 평가방식 변경 시 충분한 안내가 필요하며, 이는 행정의 예측가능성과 투명성을 보장하는 기본 원칙이다.
> - 행정심판은 권리 구제의 수단이다. 단순한 불만 표출이 아닌, 행정 행위의 적법성과 타당성을 검토받는 정당한 권리 행사 과정이다.
> - 기록과 증거로 말한다. 행정심판에서는 감정이 아닌 객관적 자료와 논리적 근거를 통해 자신의 주장을 뒷받침해야 한다.

Quick Reference

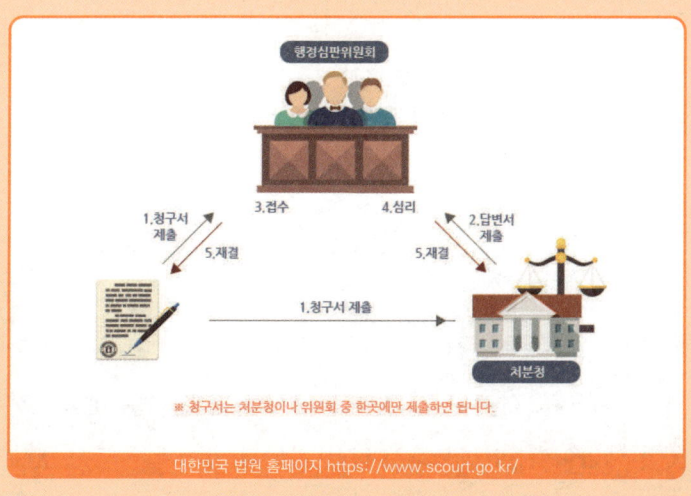

대한민국 법원 홈페이지 https://www.scourt.go.kr/

정부는 '감정보다 논리'를 봅니다

Epilogue

 사업을 운영하면서 가장 안타깝게 느껴지는 순간은 많은 기업들이 정부라는 든든한 성장 파트너를 제대로 활용하지 못할 때입니다. 행정사로서 많은 기업과 함께 일하면서 정부는 명확한 구조와 기준으로 운영되며, 준비된 사람에게 항상 문을 열고 기다리고 있다는 것을 분명히 알게 되었습니다.

 이 책에서 소개한 다양한 사례와 전략들은 실제로 정부의 지원금과 다양한 제도를 활용해 사업 성장을 이룬 기업들의 실질적인 경험에서 비롯되었습니다. 정부는 결코 어렵고 복잡한 존재가 아니라, 정확한 접근 방법만 알고 있다면 큰 도움을 받을 수 있는 실질적이고 명확한 파트너입니다. 행정사의 전문적인 시각을 통해 여러분께서 어떻게 준비하고 접근해야 정부를 최대한 활용할 수 있는지 상세히 제시했습니다.

 책을 읽으신 후에도 어려운 부분이 있으시거나 궁금한 점이 있으시면 주저하지 마시고 연락 주시기 바랍니다. 언제든 성심껏 답변해 드릴 준비가 되어 있습니다. 이제 여러분은 정부와의 협력 방법을 알게 되었으니, 더 이상 혼자서 모든 문제를 감당할 필요가 없습니다. 여러분의 열정과 노력이 올바른 방향과 만날 때, 정부는 여러분의 사업에 명확한 성과를 가져다줄 것입니다. 지금부터는 정부라는 든든한 파트너와 함께 사업 성장의 다음 단계를 자신 있게 준비해 나아가시기를 바랍니다.

**정부활용
사업성공법**

초판 1쇄 2025년 8월 4일
지은이 나호진
기획 상상력집단
펴낸곳 상상력집단

주소 서울특별시 서초구 언남11길 16-15 4,5층
이메일 ss2443515@naver.com
인스타그램 ssr_creative

ISBN 979-11-978400-7-4

파본은 본사나 구입하신 서점에서 교환해 드립니다.
이 책의 판권은 지은이와 상상력집단에 있습니다. 내용의 전부 혹은 일부를 재사용하려면 반드시 양측의 서면 동의를 받아야 합니다.